¿POR QUÉ LAS VIVIENDAS SOCIALES TIENEN FACHADAS DE COLORES?

CONVOCATORIA DE CREACIÓN E INVESTIGACIÓN ARTÍSTICA RAMÓN ACÍN 2022.
DIPUTACIÓN PROVINCIAL DE HUESCA

COMISIÓN TÉCNICA
Obarra Nagore Estabén
Coordinación de exposiciones del CDAN. Fundación Beulas

Elena López Barrachina
Coordinadora del Festival Lo Mont Contemporáneo

Teresa Luesma Bartolomé
Técnica de artes plásticas de la Diputación Provincial de Huesca

María González Malo
Técnica de artes plásticas de la Diputación Provincial de Huesca

Ana Belén Sánchez Cortés
Técnica de artes plásticas de la Diputación Provincial de Huesca

Agradecimientos: Valle Piedrafita Ciprés (Fototeca de la Diputación de Huesca), María Jesús Torreblanca (Archivo Municipal de Huesca), Dora, Víctor Rico, Carlos Copertone, Amaya Suberviola, Iñaki Domingo, Adrián Castañeda, Juan Pablo Ordúñez / MawatreS, Ángel Isla, Carmen y Adela Villacampa, Galería Antonia Puyó, Garazi, Iván Gómez, Totenart y Pinturas Moré.

Sala de exposiciones de la Diputación de Huesca
19 abril – 19 mayo 2024

EXPOSICIÓN

Organiza
Diputación Provincial de Huesca

Coordinación
María González
Ana Belén Sánchez

Préstamos
Archivo Municipal de Huesca
Fototeca Diputación Provincial de Huesca

Montaje
Diego Callén
Alberto Mallén
Juan Carlos Rodríguez

Seguros
Aon. Gil y Carvajal

Didáctica
Silvia Arilla

PUBLICACIÓN

Edita
Diputación Provincial de Huesca

Textos
Carlos Copertone
Jorge Isla
Juan Pablo Ordúñez / MawatreS

Corrección de textos
Esther Claver

Fotografía sala
Jorge Isla

Diseño gráfico
Blanca Otal

Impresión
Gráficas Alós. Huesca

ISBN: 978-84-19322-06-7
DL: HU 100-2024

CASAS BARATAS (TAMBIÉN EN HUESCA)

Carlos Copertone

Un entramado cultural —como puede serlo un área determinada de cualquier ciudad— es incapaz de explicarse si no toma en consideración el análisis de las circunstancias históricas en las que surge. El urbanismo que nos rodea y que determina cómo habitamos la ciudad, la arquitectura que nos da cobijo o el derecho y las reglas que nos rigen no podrían concebirse sin tener en cuenta un denso sustrato político y económico que nos construye como sociedad.[1] Política y economía determinan nuestra forma de vivir y habitar, la manera en la que crecen las ciudades, nuestra forma de comportarnos o las normas que se nos imponen y con arreglo a las cuales nos relacionamos.

El grupo de viviendas Villa Isabel, en Huesca, no es, en absoluto, ajeno a estas dinámicas y podemos contemplarlo, en buena medida, como paradigma de la arquitectura resultante de la conjunción de determinados condicionamientos históricos y sociales en torno al denominado *problema de la vivienda*.[2]

Los procesos de industrialización surgidos en las últimas décadas del siglo XIX y las primeras del XX y el correlativo desplazamiento de población desde entornos rurales a las ciudades situó en primer plano la cuestión de la vivienda. La necesidad de alojamiento para la clase obrera, dada su escasez y la carestía de los alquileres y la preocupación por que las viviendas contaran con unas condiciones mínimas de higiene y habitabilidad, corría en paralelo a la necesidad de expansión urbana de unas ciudades que aún se encontraban rodeadas de murallas medievales.

En toda Europa comenzó a desarrollarse una corriente higienista, fundamentalmente impulsada por médicos, que denunciaba la falta de salubridad e higiene de las viviendas obreras y el consiguiente peligro de propagación de enfermedades infecciosas. La arquitecta y teórica Beatriz Colomina ha sido, probablemente, la que mejor ha explicado la arquitectura moderna en relación a todas las patologías implicadas en ella, sobre todo la tuberculosis y la obsesión con la higiene,

---

1. Carlos Romero Rey, *Capital de provincia,* Bilbao, Caniche Editorial, 2022.

2. Parece que cada época cuenta con su propia problemática en torno a la vivienda, en ocasiones heredada de épocas pasadas y, en otras, derivada de su propia coyuntura. Recientemente *El País*, en su edición de 24 de marzo de 2024, en un extenso análisis calificaba la situación de la vivienda en España como de «emergencia», haciéndose eco de las palabras de la responsable de la oficina en España de ONU-Hábitat, para la cual «la vivienda es un derecho humano, pero también es un medio a través del cual accedemos directa o indirectamente a otros derechos como son la seguridad, la salud, la intimidad o la educación, entre otros». «Todo el sistema socioeconómico de un país —añadía— se resiente por la falta de vivienda asequible».

los gérmenes y el aire puro.[3] La arquitectura del siglo XIX se demonizó como insalubre. El sol, la luz, la ventilación, el ejercicio, las terrazas, la higiene y la blancura se ofrecían como herramientas para prevenir y curar la enfermedad. Colomina, partiendo de la concepción del arquitecto como médico, que ya preconizaba Vitrubio en el siglo I a. C., señala que «La campaña publicitaria de la arquitectura moderna se organizó en torno a las creencias contemporáneas sobre la tuberculosis y los miedos ante la enfermedad».

La toma en consideración de toda esta problemática y la búsqueda de soluciones ha constituido un ámbito que ha contribuido decisivamente a dibujar los contornos ideológicos de nuestra sociedad: el mayor o menor intervencionismo del Estado en la política de vivienda, el reproche moral que trasladaba el origen del hacinamiento y de las enfermedades infecciosas a la supuesta naturaleza viciosa de los trabajadores y sus formas de vida o el afán de control ideológico de las masas obreras y sus mayores o menores ánimos revolucionarios que amenazaban a las nuevas clases dominantes y que podría explicar, también, el interés institucional en la construcción de viviendas para obreros.[4]

Este era el caldo de cultivo que explica la aparición en España, primero, del Instituto de Reformas Sociales, en 1903, que surge con el propósito declarado de «[…] favorecer la acción social y gubernativa en beneficio de la mejora o bienestar de las clases obreras» y, después, de la normativa sobre «casas baratas», cuya primera ley data de 1911.[5]

El anclaje jurídico de la política de vivienda en nuestro país —si realmente pudiera hablarse de ella— se articuló en dicho periodo alrededor de una serie de textos legales aparecidos en las décadas de los años diez y veinte del siglo pasado, en los que se dejaba sentir el influjo europeo.[6]

Resulta significativo comprobar, continuando con ese entrecruzamiento entre arquitectura y medicina, que en las juntas de fomento y mejora de casas baratas,

3. Beatriz Colomina, *Arquitectura de rayos X*, Barcelona, Puente Editores, 2021.

4. Tura Tremoleda Ruiz, «La habitación humilde: origen y legislación de las casas baratas», en *Historia, derecho y sociedad con perspectiva de género*, Madrid, Dykinson, 2020, pp. 209-226.

5. Para un completo análisis sobre la cuestión, *vid.* Pedro Ortego Gil, *Las casas baratas*, Madrid, Iustel, 2006.

6. María A. Castrillo Romón, «Influencias europeas sobre la Ley de Casas Baratas de 1911: el referente de la *Loi des Habitations à Bon Marché* de 1894», en *Cuadernos de Investigación Urbanística*, noviembre de 2003.

que preveía la legislación correspondiente, ya se contemplaba la presencia de médicos y de personas versadas en cuestiones sociales.

Asimismo, el reglamento de desarrollo de la ley, elaborado en 1912, exigía una serie de características para poder ser consideradas «casas baratas»: eran una prioridad el aire, la luz y el soleamiento para los dormitorios, que debían tener una buena distribución con ventanas y balcones para llevar al interior la mayor cantidad posible de rayos de sol, aire y luz, así como disponer de un mínimo de 20 metros cuadrados por persona. Para garantizarlo se establecía una superficie mínima de patio. Las únicas habitaciones que podían no tener luz o ventilación eran los cuartos roperos o los pasillos. Otros aspectos que se regulaban eran la altura máxima de las casas, la proporcionalidad de los espacios comunes, la altura mínima que debían tener las habitaciones, la elevación mínima en las casas donde no se construyera sótano, etcétera.[7]

Un análisis de conjunto pone de manifiesto que el propósito reformista que alumbró el Instituto de Reformas Sociales y las leyes y reglamentos de casas baratas no generó los resultados esperados, al menos en términos cuantitativos. La mayor parte de las promociones que se llevaron a cabo no beneficiaron a los sectores sociales más necesitados, sino a los obreros cualificados y a las clases medias urbanas. De hecho, la necesidad de regular el alquiler surgió porque continuaba siendo el principal medio (y no el acceso a las «casas baratas») para que los obreros pudieran obtener una solución habitacional. Como hemos visto, la normativa exigía el cumplimiento de unos parámetros que convertían esas «casas baratas» en algo inasumible para los colectivos a los que se dirigían.

Todo ello, unido a factores estructurales que continuamos arrastrando como la especulación inmobiliaria, contribuyó a certificar la incapacidad de un experimento de esta naturaleza para la mejora en el acceso a la vivienda en nuestro país para los sectores menos favorecidos. Y a lo sumo sirvió para abaratar determinadas promociones de vivienda y para la toma de conciencia de determinados requerimientos en términos de habitabilidad y salubridad.

De todo lo anterior participa el grupo de viviendas que hoy nos ocupa, en Huesca, atravesado no solo por todas las vicisitudes a las que nos acabamos de referir, sino también por la Guerra Civil, que retrasó notablemente su construcción.

7. Tura Tremoleda Ruiz, *op. cit.*

Su origen se puede situar en una cooperativa de viviendas fundada a finales de los años veinte y denominada *Pablo Iglesias*, que en mayo de 1935 se transforma en la Sociedad Cooperativa de Casas Baratas La Unión Municipal Oscense. Estaba formada por funcionarios y trabajadores modestos con el objeto de construir, para cada uno de sus socios, una vivienda económica amparada por la normativa de casas baratas. En 1935 La Unión Municipal Oscense adquiere los terrenos del campo de deportes de Villa Isabel, en aquel momento en lo que era periferia urbana, y a finales de ese mismo año se anuncia el proyecto de construcción de 64 casas baratas en Villa Isabel. Tras la paralización que supuso la guerra, el proyecto se retoma y comienza su construcción en 1942, prologándose hasta finales de dicha década.[8]

El conjunto está compuesto por 64 viviendas en cinco bloques paralelos, de dos plantas. Cada vivienda es individual y posee un jardín a la entrada de 24,5 metros cuadrados y un corral en la parte posterior de 49 metros cuadrados.

El crecimiento de Huesca ha integrado ya este conjunto de viviendas en la malla urbana y, en modo alguno, podría considerarse que conformen un barrio obrero o que responda a la literalidad del término *casas baratas*, más allá de su anclaje en una determinada legislación que utilizó esa terminología y los incentivos económicos que llevaba aparejados.

Esta es la materia prima sobre la que se construye el proyecto de Jorge Isla. Un conjunto residencial cuyos muros no solo se encuentran untados metafóricamente por las circunstancias históricas que dan lugar a su nacimiento, sino de manera literal por unas mutaciones cromáticas que desde la homogeneidad inicial del conjunto ha transitado a una variada escala de colores. Un síntoma contemporáneo, más proclive a poner el foco en el individualismo, en detrimento de un proyecto social y común.

8. Un completo análisis del proyecto puede consultarse en Alejandro Dean Álvarez-Castellanos, Marta Delso Gil y Carlos Labarta Aizpún, *Arquitectura racionalista en Huesca*, Huesca, Instituto de Estudios Altoaragoneses, 2009, pp. 216 y ss.

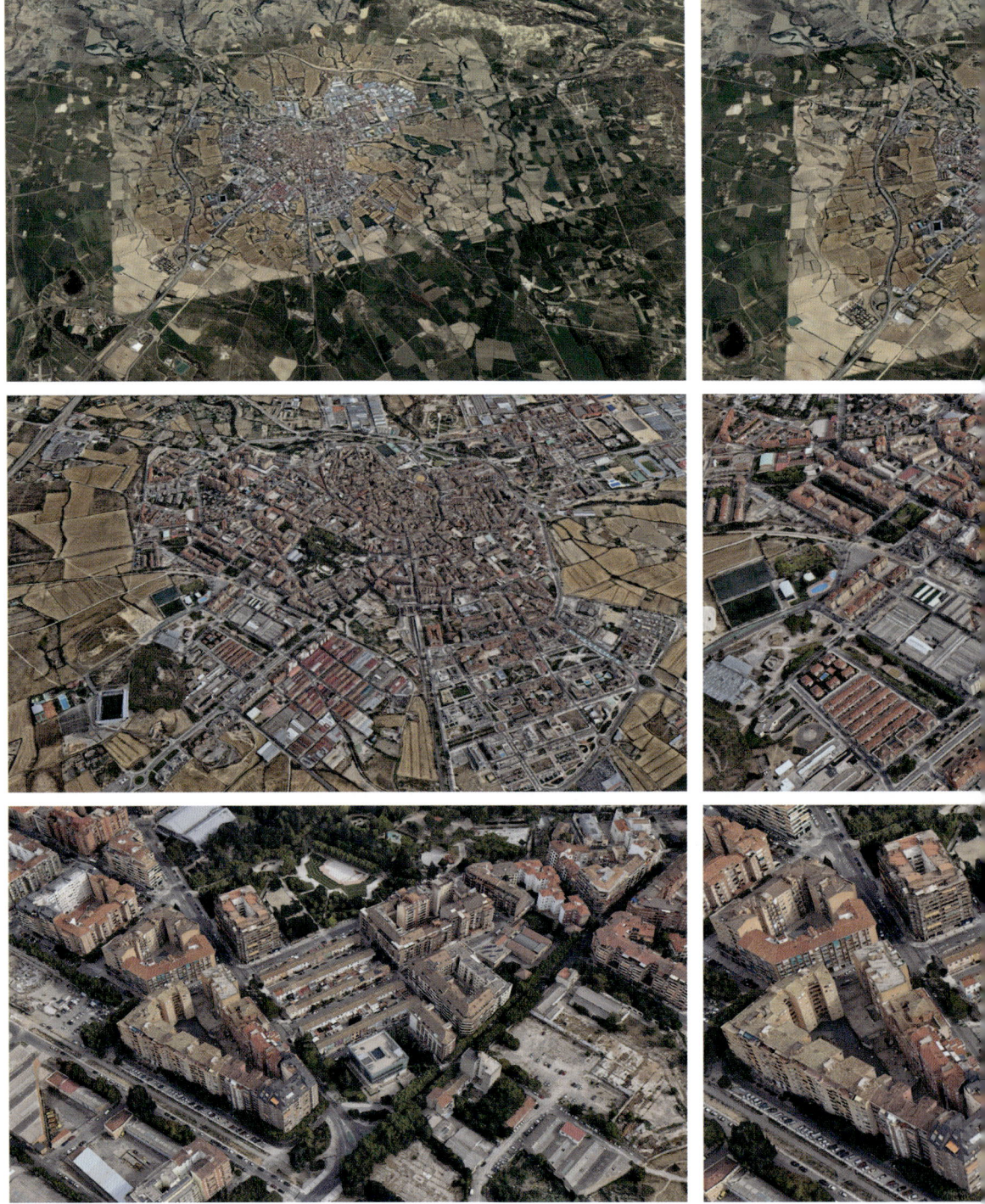

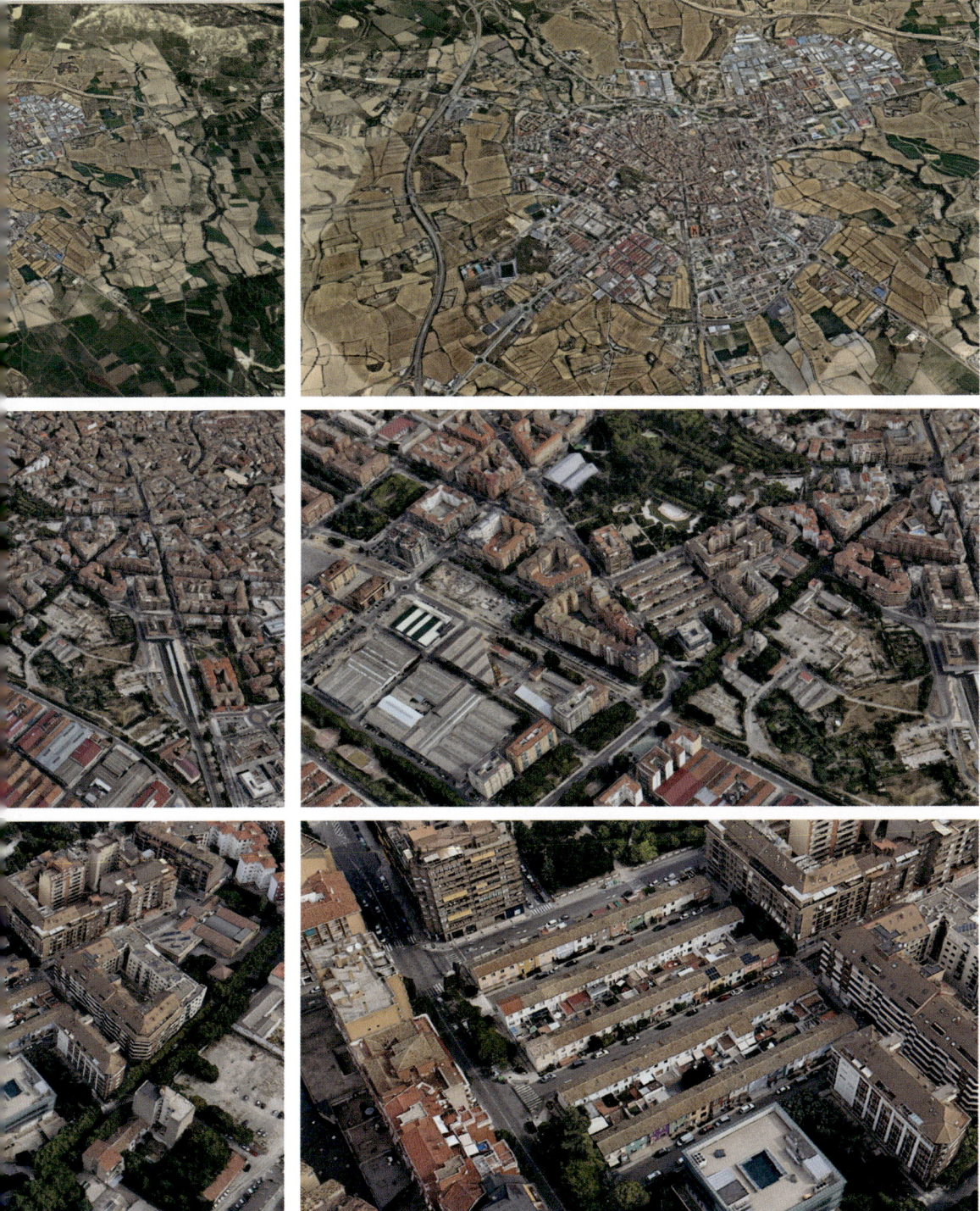

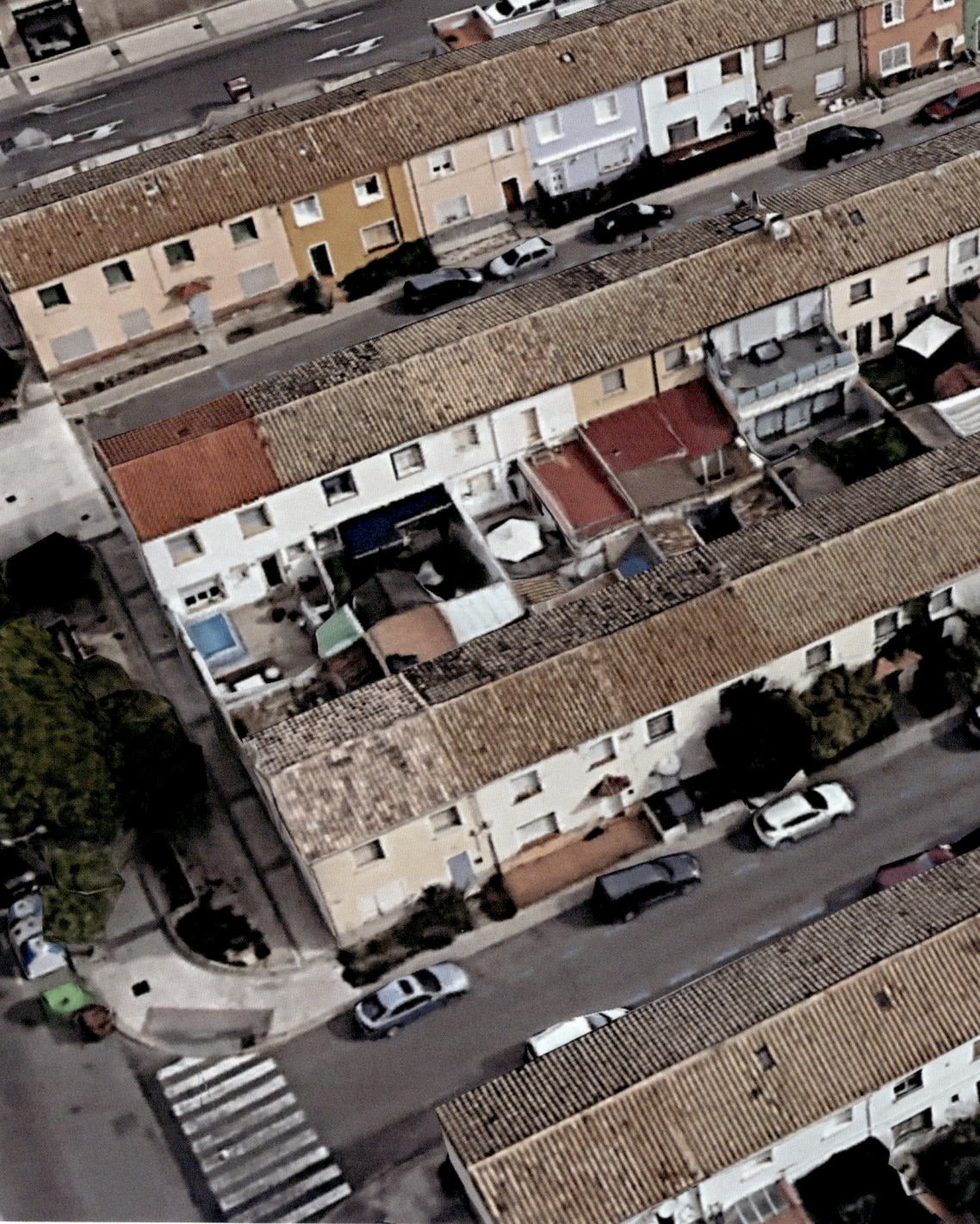

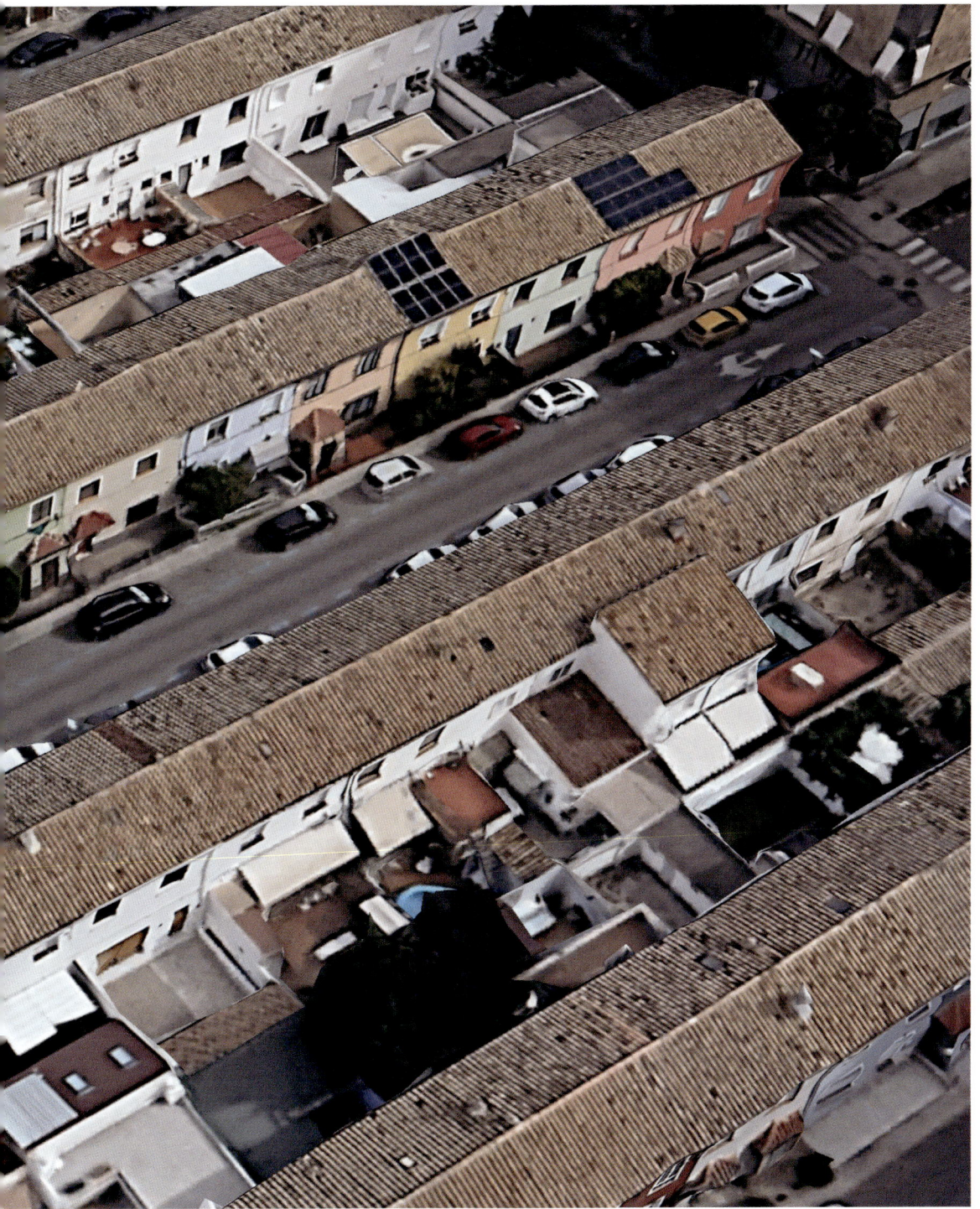

¿POR QUÉ LAS VIVIENDAS SOCIALES TIENEN FACHADAS DE COLORES?

Jorge Isla

La idea de estetización sugerida por W. Benjamin oculta, aunque cueste reconocerlo, duras realidades de producción. Esto, sin duda, viene dado por el término *estética* que, sin ser un vocablo, objetivo, ya que algo estético es algo personal, hace que nos cuestionemos lo siguiente en un deseo de democratizarlo: ¿qué es la estética? O, mejor dicho, ¿qué es algo estético?

Aquí no se trata de hablar de la estética *per se*, se trata de poner en cuestión la imagen actual de las viviendas sociales. Pero antes de incidir en su tipología, arquitectura, ubicación, etcétera, me gustaría plantear las siguientes cuestiones:

¿Es estético que haya una ley de viviendas sociales?

O

¿Es estético que haya una ley que lleve por nombre la Ley de las Casas Baratas?[1]

Las leyes de viviendas sociales tratan de corregir un error en el sistema, un ejemplo de esto es el artículo 47 de la Constitución Española. Un capítulo dentro de este tomo que declara que todos los españoles tienen derecho a disfrutar de una vivienda digna y adecuada, que atribuye a una serie de poderes públicos la obligación de promover las condiciones necesarias para establecer las normas pertinentes haciendo efectivo este derecho, hoy más que necesario.

Pensar lo político en la actualidad implica una revisión de la espacialidad y materialidad del espacio habitado; la globalización como proceso de reproducción y perpetuación del capitalismo ha impactado en las lógicas no solo socio-económico-políticas, sino también en la forma en que se concibe el espacio, ya sea público o privado, de alquiler o en propiedad.

Es precisamente esta tensión que acontece en los núcleos urbanos el detonante de un proyecto que propone una revisión, bajo la compleja perspectiva de los términos *arquitectura-ciudad*, como expresión política de la sensibilidad humana que conforma la ciudadanía manipulada claramente por la ideología capitalista.

El futuro es siempre conjetura, persiste en deseos, intenciones, miedos y formas de imaginarlo. Cada época se distingue por eso: por los modos en los que concibe

---

1. La Ley de las Casas Baratas fue una legislación que estuvo vigente entre los años 1911 y 1936 y que promulgaba una serie de beneficios en lo que respecta a términos de vivienda destinados a personas de clase media y baja de la época, y que se financiaban con préstamos de bajo interés o ayudas oficiales. Actualmente se conocen como *VPO* o *viviendas de protección oficial*.

su futuro. La vivienda y los modos de vivir siempre fueron un indicador decisivo del estado de una sociedad al que la gobernanza nunca terminó por atener demasiado. Sin embargo, hoy en día, el futuro no existe en el futuro, insiste en el presente, siendo la vivienda una problemática que nos azota desde el origen de la misma.

En la arquitectura contemporánea, la culpa surge porque es sabido que vivimos en un sistema que genera asimetrías, fomenta la desigualdad y supone una amenaza existencial para nuestra propia supervivencia. A la vez que se tiene una conciencia de que la arquitectura es una herramienta fundamental de ese engranaje —en la medida en que al darle valor al suelo pone en marcha un aumento de plusvalías—, se conoce que es una de las principales razones de la amenaza climática, debido a los múltiples efectos y residuos que la industria de la construcción tiene sobre el planeta.

El proyecto *¿Por qué las viviendas sociales tienen fachadas de colores?* aúna una investigación de corte teórico-plástica acompañada de una serie de materiales de archivo y fotografías, centrada en las Casas Baratas de la ciudad de Huesca o, como se conocen popularmente, *Grupo Unión Oscense Villa Isabel* o simplemente *Villa Isabel*.

El origen de *Villa Isabel*, o de las *64 Casas Baratas* de la ciudad de Huesca, surge como un conjunto de viviendas fundado por trabajadores modestos —Grupo Unión Oscense— a finales de los años veinte con la necesidad y objetivo de construir una vivienda económica amparada por la Ley de Casas Baratas de 1911. Una legislación y proyecto pionero —originario de las actuales viviendas de protección oficial (VPO)— que proponía diversas medidas urbanísticas para paliar los efectos de la crisis de la Primera Guerra Mundial y sacar a los trabajadores de las viviendas precarias en las que se asentaban, ya que miles de familias, en gran medida de clase media-baja, se desenvolvían en un ambiente definido por alojamientos que daban a patios cerrados sin ventilación ni aislamiento, cuya consecuencia directa fue el incremento del índice de mortalidad a finales del siglo XIX y principios del siglo XX.

Este complejo de viviendas unifamiliares reunidas en cinco bloques paralelos de dos plantas con un pequeño porche o jardín en la entrada, es obra del arquitecto Francisco Clavera Armenteros, y su construcción comenzó en marzo de 1942 y se prolongó hasta 1949. Mediante el proyecto expositivo y el presente catálogo, considerado como una obra más y no como un objeto que lo acompaña, se pone en cuestión, a través de materiales de archivo, textos e imágenes, cierta historiografía en la que nuestra arquitectura es proyectada como un gran ejemplo de lo que somos y revisa la relación de la arquitectura contemporánea y la estetización de la imagen a partir del color.

El punto de partida y detonante del proyecto, tal y como el propio nombre indica, son las 64 fachadas de las 64 viviendas que componen el conjunto Villa Isabel, aquí vistas no como revestimiento o parte de un edificio, sino como pintura monocromática, contrastando la construcción de un discurso y sus prácticas en el ámbito arquitectónico, político y mediático ajenas e incluso enfrentadas a las expectativas y necesidades de los vecinos, poniendo de manifiesto, como señala H. Capel, que en una sociedad capitalista la ciudad no pertenece a sus habitantes y no se modela en función de sus intereses, sino de acuerdo con los de otra serie de agentes. ¿Por qué la experimentación se realiza en la vivienda pública? ¿Qué tipo de políticas subyacen tras una fachada «estetizada»?

Alrededor de esta idea, y gracias a las posibilidades que la Convocatoria Ramón Acín ofrece, se propone un proyecto específico inédito donde, a través de la unión de diferentes lenguajes, se genere una investigación basada en los siguientes términos: lo abstracto y lo figurativo, lo lleno y lo vacío, la vivienda y el corral y, finalmente, el centro y la periferia.

Una investigación de un barrio que, con el paso del tiempo, ha perdido su idiosincrasia, forma y unión de grupo de viviendas, debido a las múltiples transformaciones que ha sufrido a causa de las sucesivas restauraciones y cambios de propietarios que han tratado las casas individualmente, perdiendo su imagen e identidad. Por lo que hoy en día, más que un grupo, presentan una identidad propia, con independencia respecto a sus contiguas, debido a los colores de sus fachadas, a su estética exterior: 64 colores diferentes. El mismo número de viviendas que, durante la segunda mitad del siglo xx, fue absorbido por el crecimiento urbanístico de Huesca, lo que supuso para Villa Isabel el paso del extrarradio o periferia al centro de la ciudad donde, esas calles inicialmente tranquilas por su carácter privado e íntimo, se abrieron al público y tráfico rodado conviviendo con edificaciones y simbología que difiere por completo de la arquitectura que presentaban en sus orígenes: altos edificios de viviendas con una nueva imagen de *arquitectura nacional*, expresión con la que se quiere reflejar la nueva realidad española de bloque de pisos, toldos con simbología y marcas de diferente índole, supermercados, terrazas llenas de sillas de plástico o, incluso, el edificio brutalista que albergó el *Banco de España* de la propia ciudad hasta el año 2003. Una serie de símbolos que difieren por completo de aquel lugar, periférico, donde se construyó esta unión de viviendas, el antiguo campo de fútbol del C. D. Huesca, utilizado desde 1926 como complejo deportivo y que, finalmente, fue adquirido en agosto de 1935 por La Unión Municipal Oscense, año en que el equipo deja de jugar en Villa Isabel y se inaugura el campo de San Jorge. Algo que no fue casual, ya que el centro histórico planteaba una serie de problemas irresolubles para unas viviendas que debían ser principalmente económicas y los terrenos periféricos tenían un coste inferior respecto a los solares del casco urbano.

Este proyecto surge de la observación de la urbe, de conocer un tipo de arquitectura que siempre ha estado presente pero sobre la cual nunca me detuve, de conocer la historia de mi ciudad, de hablar de la memoria de esta, de su patrimonio arquitectónico, de lo sumergido, de lo que esconden esos 64 colores, etcétera. Pero más allá de todo esto, es un proyecto que busca dar a conocer al público oscense la historia de este lugar, por lo que considero que no es un proyecto destinado únicamente a un *target* artístico, sino a un público general, que busca generar una empatía. Un tipo de reflejo o sombra, como la caverna de Platón, que muestre, a la vez que proponga, una revisión plástica de la Unión de las Casas Baratas oscenses, interpretando una determinada realidad oculta en el color de sus fachadas: esa condición primigenia de esta urbanización, si cabe, de subsistencia. Barnett Newman decía que lo que importa del color es el acto, independientemente de cómo se aplique la pintura, se modifica el soporte que lo sustenta, ocultando algo, su fondo, y esa acción refleja un modo de producción, organización y economía de medios, de la misma forma que el proyecto de las casas baratas en su origen primigenio.

Por ello, además de toda la información textual y de archivo recuperada del Archivo Municipal de Huesca y de la Fototeca de la Diputación Provincial de Huesca, a modo de memoria y catalogación, casi como un gabinete de curiosidades, y que considero que da peso a todo el proyecto, se han producido 64 pinturas monocromáticas que se corresponden con los colores que pude encontrar en el año 2023 en el conjunto de viviendas de Villa Isabel, y digo *pude* ya que un catálogo de una exposición es un reflejo de la misma, que tiene una temporalidad concreta además de un final o cierre, mientras que las viviendas, y por consiguiente sus fachadas, no. Estas cambian de dueños y propietarios, por lo que hacer de estos colores un dogma sería un autoengaño.

Este tipo de desarrollo formal muestra este barrio a través de una reinterpretación a modo de homenaje conmemorativo. Mediante estas pinturas se propondrá una interpretación de este fenómeno inmobiliario, social y económico, a través de un medio tradicional y clásico donde, de alguna manera, esas arquitecturas pasen a convertirse metafóricamente en obras, siendo estas una presentación artística de una determinada realidad social. Transfiriendo ese paisaje oscense a un medio artístico basándome en mis intereses conceptuales y sensoriales donde el concepto de esta fase del proyecto resida en la composición final ya que, en gran medida, todos los colores me vienen dados por las casas que componen actualmente Villa Isabel, siendo una metodología.

Aquí, todas las obras que componen el proyecto son de edición única, aportándoles de este modo una exclusividad, siendo un símbolo de lo que representan, colores a simple vista, pero, más que colores, son viviendas, un lujo hoy en día debido a la especulación tanto inmobiliaria como, en lo que nos acontece aquí, artística. Debido a la regresión económica que nos ha tocado vivir, tanto el arte como la vivienda han dejado de ser, en muchos casos, algo social para ser visto como un activo económico, propiedades que, vistas desde un punto puramente matemático, son los mayores activos que podemos adquirir hoy en día, quien pueda, claro, donde simplemente cabe preguntarse lo siguiente:

¿Es la ciudad para los ciudadanos o somos los ciudadanos para la ciudad?

O

¿Nos usa la ciudad o la usamos nosotros a ella?

La especulación en la vivienda es uno de los grandes temas del siglo XXI donde, por diferentes motivos económicos, el metro cuadrado ha sufrido una desmesurada inflación o plusvalía municipal, algo que se puede relacionar directamente con el lenguaje pictórico, hoy en día para muchas empresas visto como un activo económico con el que, en porcentaje respecto a otras disciplinas, más se especula, siendo el centímetro cuadrado la unidad de medida de tasación en las casas de subastas. Es por ello que, para establecer esta relación a nivel expositivo, y en relación a mi práctica artística, se cuestiona el propio precio del producto artístico en relación al coste material del mismo. Ese gran políptico de 64 cuadros monocromos del mismo formato —80 x 120 cm—, generando un metro cuadrado y dispuestos en secuencia siguiendo la numeración de las viviendas, traslada el color de la arquitectura al espacio expositivo, siendo la reducción y la apropiación el sello distintivo y definitorio para este apartado del proyecto, aislando cada una de los colores de las hileras de las casas de Villa Isabel en obras unitarias, extrayéndolas de su contexto original, explorando los efectos sutiles de las agrupaciones de los colores que me vienen dados por la propia arquitectura social a analizar, donde la práctica del pintor aquí no es la de pintar, sino la de trasladar un color a un nuevo espacio y formato, no dejando espacio al disfrute o goce en el acto de pintar, sino todo lo contrario. Se trata de utilizar la pintura como un acto de interpretación e incluso de resistencia trasladando, a nivel simbólico, esas 64 viviendas al espacio expositivo, reglamentando de esta forma una relación estricta entre la vida cotidiana y el arte, poniendo en relieve cuestiones como el valor, el tiempo, la propiedad y la posesión y, si no menos importante, incluyendo el paso del tiempo en este conjunto, tanto de viviendas como de pinturas, donde el recorrido expositivo coincide con el pasear por Villa Isabel, poniendo en tela de juicio las realidades normativas para sensibilizarnos sobre las estructuras que nos rodean, evidenciando los mecanismos y las circunstancias históricas y sociales, además de una serie de premisas y operaciones que, mediante el arte, podemos revisar.

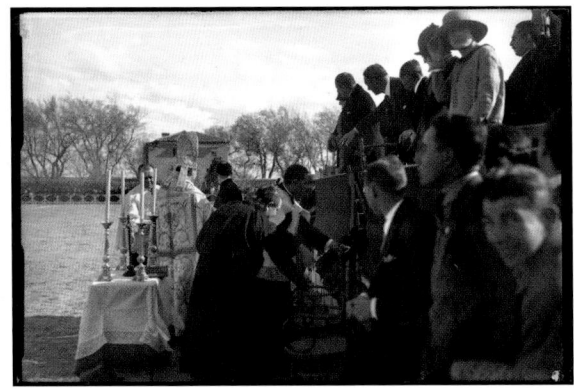

ES/FDPH I_SAN_AGUSTIN_00602

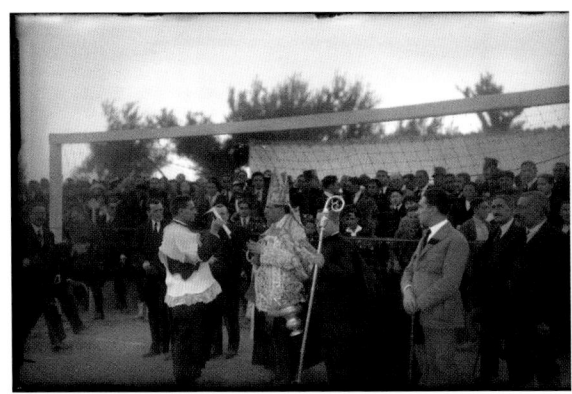

ES/FDPH I_SAN_AGUSTIN_00612

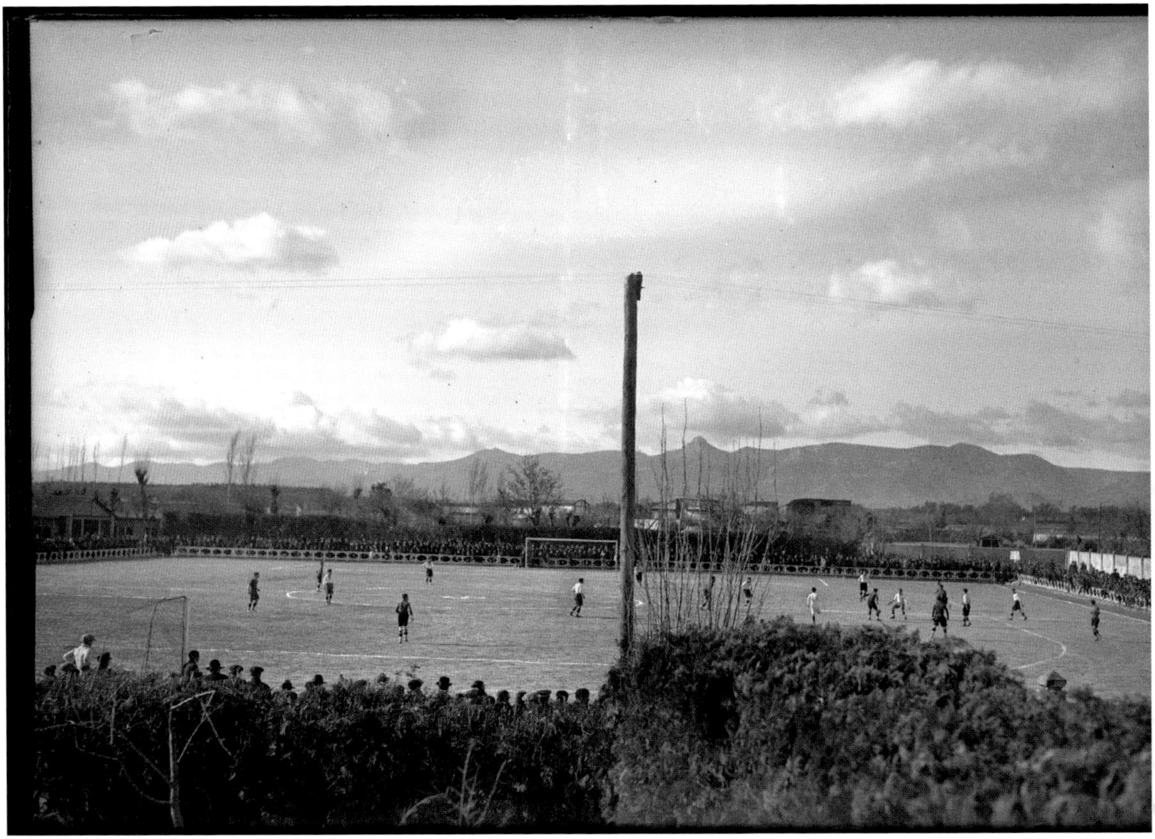

ES/FDPH I_SAN_AGUSTIN_00619

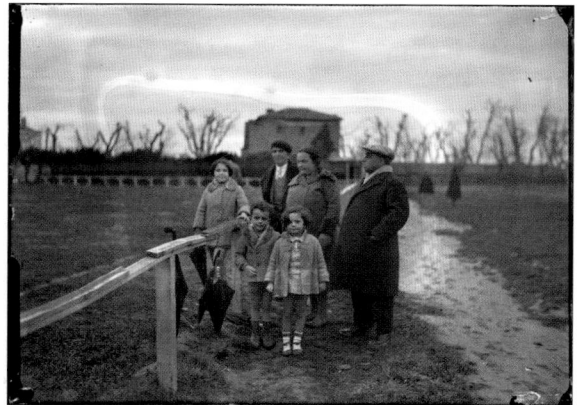

ES/FDPH HNOS_VINUALES_01903

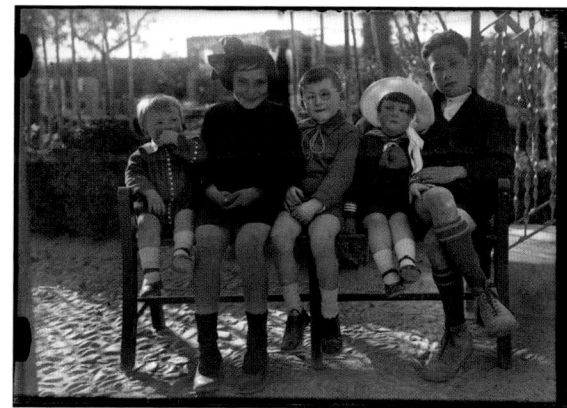

ES/FDPH R_ALBASINI_01008

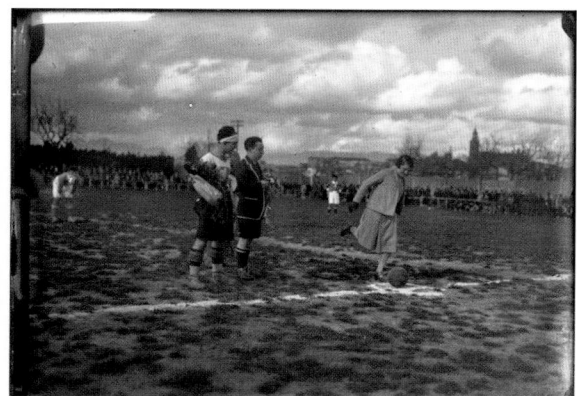

ES/FDPH S_BASO_00011

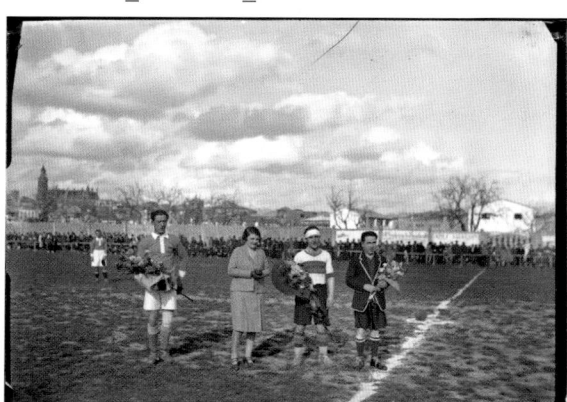

ES/FDPH HNOS_VINUALES_01902

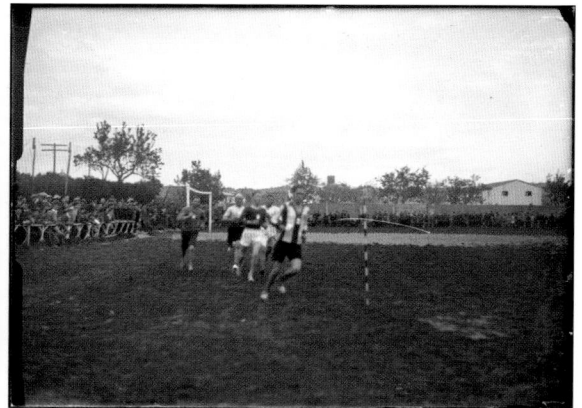

ES/FDPH HNOS_VINUALES_01900

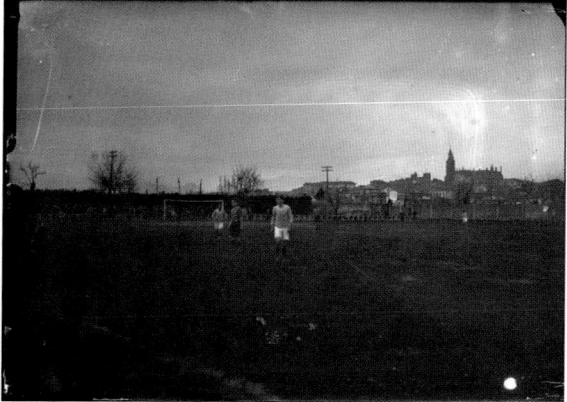

ES/FDPH HNOS_VINUALES_01901

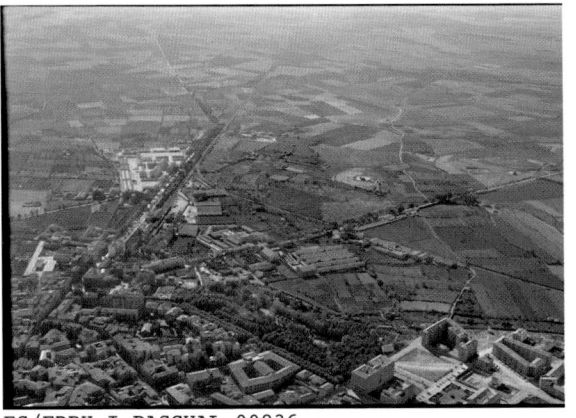

ES/FDPH I_PASCUAL_00836

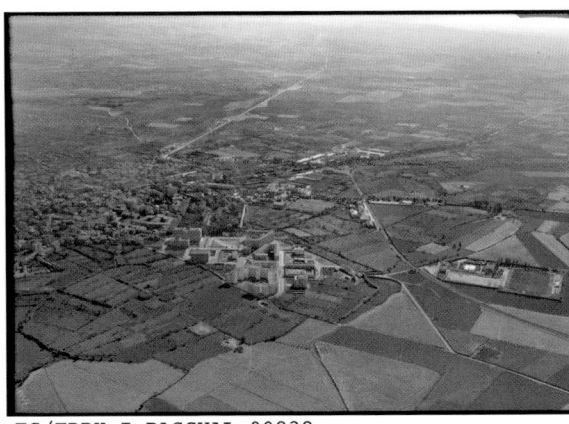

ES/FDPH I_PASCUAL_00838

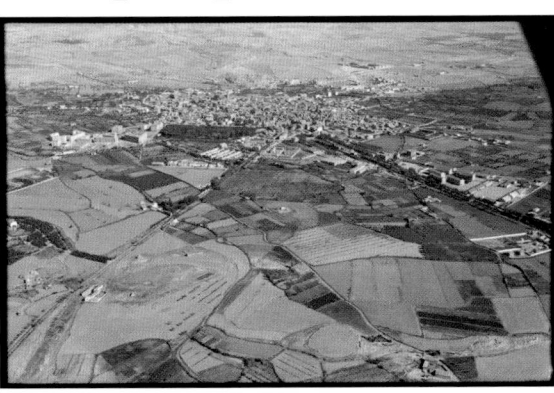

ES/FDPH I_PASCUAL_00840

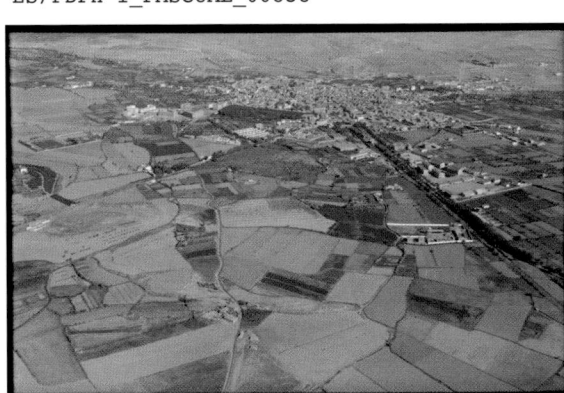

ES/FDPH I_PASCUAL_00841

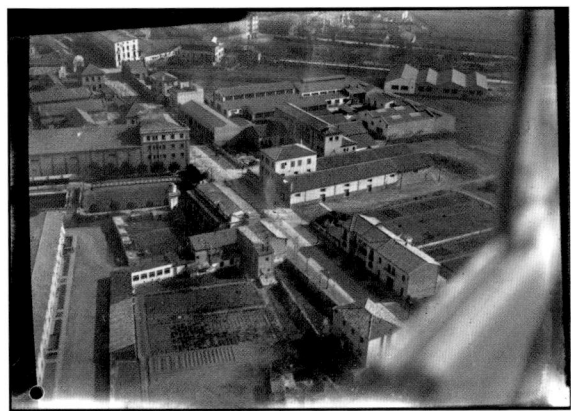

ES/FDPH I_PASCUAL_00842

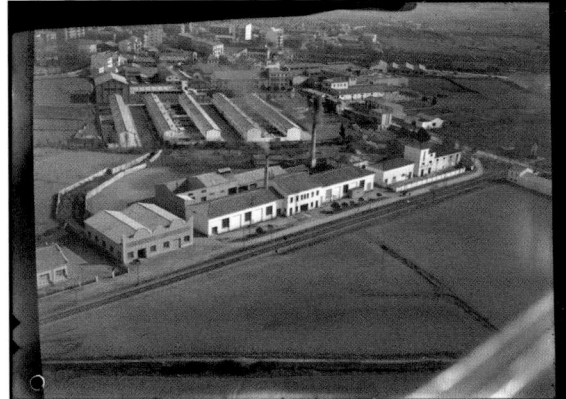

ES/FDPH I_PASCUAL_00843

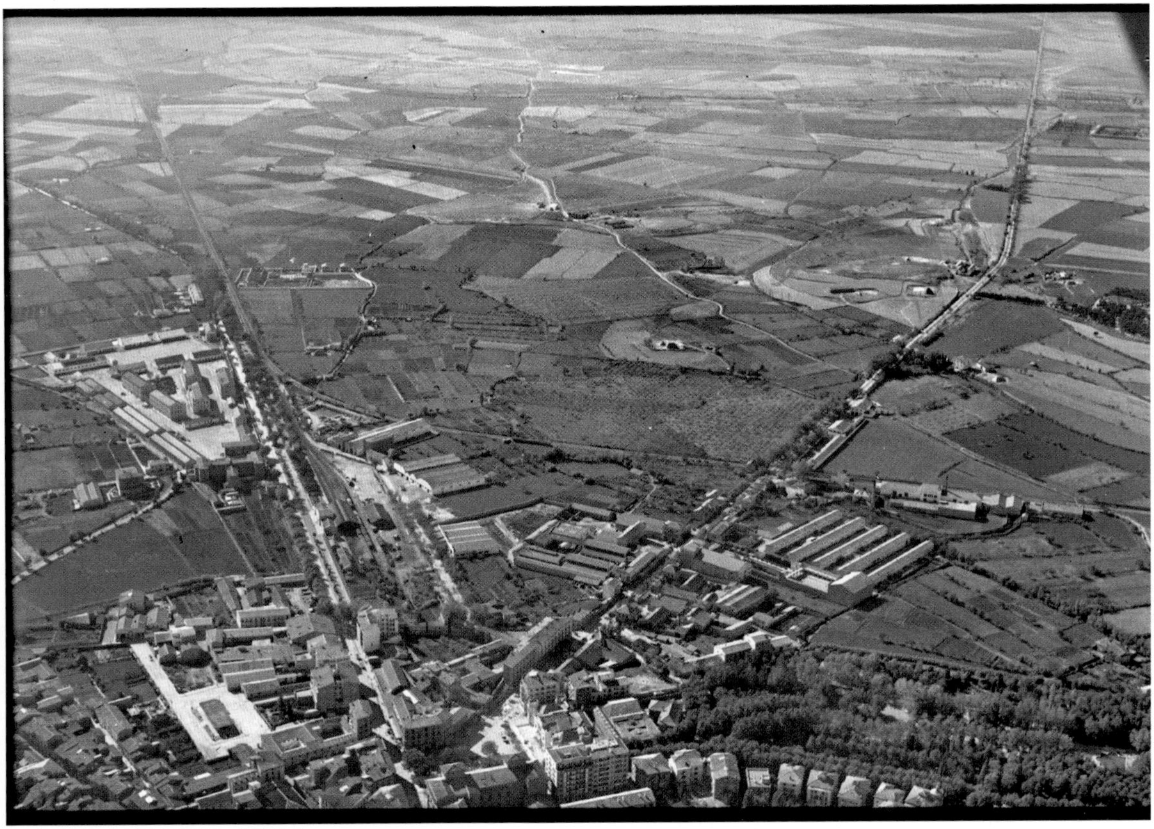

ES/FDPH I_PASCUAL_00837

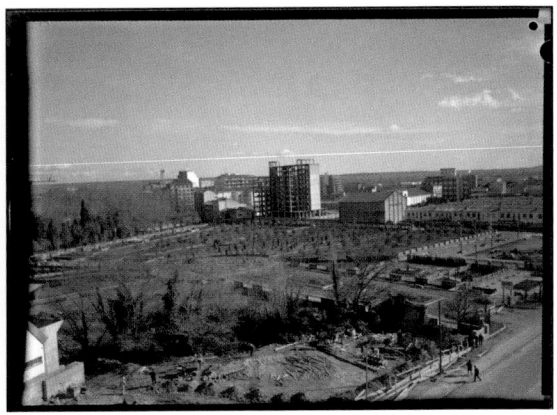

ES/FDPH I_PASCUAL_01136

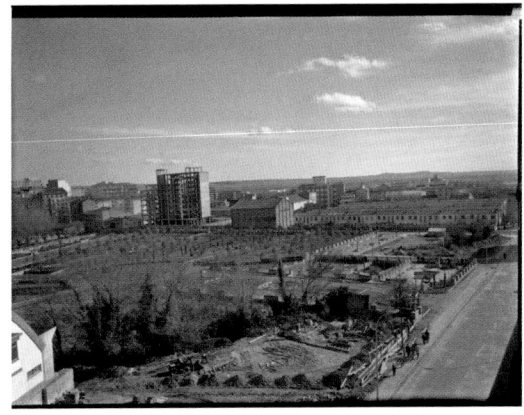

ES/FDPH I_PASCUAL_01137

33

ES/FDPH I_SAN_AGUSTIN_00602
Fototeca de la Diputación Provincial
de Huesca
Fondo Ildefonso San Agustín
Ildefonso San Agustín Mur
Campo de fútbol de Villa Isabel,
Huesca. Inauguración. Un momento del
acto religioso.
De espaldas, el obispo Mateo Colom.
12 de abril de 1925
Negativo. Placa de vidrio, 10 x 15 cm

ES/FDPH I_SAN_AGUSTIN_00612
Fototeca de la Diputación Provincial
de Huesca
Fondo Ildefonso San Agustín
Ildefonso San Agustín Mur
Campo de fútbol de Villa Isabel,
Huesca. Inauguración. Acto religioso.
Bendice el campo el obispo Mateo Colom.
El primero por la derecha, con barba,
es Santos Acín Aquilué; el segundo, con
bigote, Feliciano Llanas Aguilaniedo;
el tercero, con traje claro, Manuel
Banzo Echenique; el quinto, con mitra,
Mateo Colom, y el octavo, con sombrero
en la mano derecha, el alcalde, Manuel
Ángel Ferrer.
12 de abril de 1925
Negativo. Placa de vidrio, 10 x 15 cm

ES/FDPH I_SAN_AGUSTIN_00619
Fototeca de la Diputación Provincial
de Huesca
Fondo Ildefonso San Agustín
Ildefonso San Agustín Mur
Campo de fútbol de Villa Isabel.
Partido inaugural.
Este partido lo jugaron el Huesca F. C.
y el Rapid S. C.
12 de abril de 1925
Negativo. Placa de vidrio, 10 x 15 cm

ES/FDPH HNOS_VINUALES_01903
Fototeca de la Diputación Provincial
de Huesca
Fondo Hermanos Viñuales
Elías Viñuales Viñuales
Retrato familiar en el campo
de fútbol de Villa Isabel. Huesca.
Ca. 1930
Negativo. Placa de vidrio, 6,5 x 9 cm

ES/FDPH R_ALBASINI_01008
Fototeca de la Diputación Provincial
de Huesca
Fondo Rodolfo Albasini
Rodolfo Albasini Martínez
Fotografía hecha en Villa Isabel.
Aparecen el hijo de Feliciano
(hermano de Tachón); María Jesús
Martínez (hija de Joaquín, huérfana);
Carlos y María Nieves Albasini;
Vitorino Cativiela. Huesca.
Ca. 1925-1927
Negativo. Placa de vidrio, 6 x 9 cm

ES/FDPH S_BASO_00011
Fototeca de la Diputación Provincial
de Huesca
Fondo Santos Baso
Santos Baso Simelio
Campo de fútbol de Villa Isabel.
Saque de honor de la hija del
gobernador civil, Amanda González.
Partido de fútbol entre el C. D.
Huesca y el Bourbaki de Pau.
23 de marzo de 1930
Archivo digital

ES/FDPH HNOS_VINUALES_01902
Fototeca de la Diputación Provincial
de Huesca
Fondo Hermanos Viñuales
Elías Viñuales Viñuales
Preparados para hacer el saque de
honor entre el C. D. Huesca y la
Sociedad Bourbaki de Pau en el campo
de Villa Isabel.
23 de marzo de 1930
Negativo. Placa de vidrio, 6,5 x 9 cm

ES/FDPH HNOS_VINUALES_01900
Fototeca de la Diputación Provincial
de Huesca
Fondo Hermanos Viñuales
Elías Viñuales Viñuales
Calentando antes de un partido de
fútbol en el campo de Villa Isabel.
Huesca.
Ca. 1930
Negativo. Placa de vidrio, 6,5 x 9 cm

ES/FDPH HNOS_VINUALES_01901
Fototeca de la Diputación Provincial
de Huesca
Fondo Hermanos Viñuales
Elías Viñuales Viñuales
Momento de un partido de fútbol en
el campo de Villa Isabel. Huesca.
[1930]
Negativo. Placa de vidrio, 6,5 x 9 cm

ES/FDPH I_PASCUAL_00836
Fototeca de la Diputación Provincial
de Huesca
Fondo Ismael Pascual
Ismael Pascual Torres
Fotografía aérea de Huesca ciudad.
Ca. 1950-1960
Negativo. Plástico, 9 x 12 cm

ES/FDPH I_PASCUAL_00838
Fototeca de la Diputación Provincial
de Huesca
Fondo Ismael Pascual
Ismael Pascual Torres
Fotografía aérea de Huesca ciudad.
Ca. 1950-1960
Negativo. Plástico, 9 x 12 cm

ES/FDPH I_PASCUAL_00840
Fototeca de la Diputación Provincial
de Huesca
Fondo Ismael Pascual
Ismael Pascual Torres
Fotografía aérea de Huesca ciudad.
Ca. 1950-1960
Negativo. Plástico, 9 x 12 cm

ES/FDPH I_PASCUAL_00841
Fototeca de la Diputación Provincial
de Huesca
Fondo Ismael Pascual
Ismael Pascual Torres
Fotografía aérea de Huesca ciudad.
Negativo. Plástico, 9 x 12 cm

ES/FDPH I_PASCUAL_00842
Fototeca de la Diputación Provincial
de Huesca
Fondo Ismael Pascual
Ismael Pascual Torres
Fotografía aérea de Huesca ciudad.
Calle Alcoraz.
Ca. 1950-1960
Negativo. Plástico, 9 x 12 cm

ES/FDPH I_PASCUAL_00843
Fototeca de la Diputación Provincial
de Huesca
Fondo Ismael Pascual
Ismael Pascual Torres
Fotografía aérea de Huesca ciudad.
Calle Fuente del Ibón y vía.
Ca. 1950-1960
Negativo. Plástico, 9 x 12 cm

ES/FDPH I_PASCUAL_00837
Fototeca de la Diputación Provincial
de Huesca
Fondo Ismael Pascual
Ismael Pascual Torres
Fotografía aérea de Huesca ciudad.
Ca. 1950-1960
Negativo. Plástico, 9 x 12 cm

ES/FDPH I_PASCUAL_01136
Fototeca de la Diputación Provincial
de Huesca
Fondo Ismael Pascual
Ismael Pascual Torres
El parque nuevo.
1972
Negativo. Plástico, 9 x 12 cm

ES/FDPH I_PASCUAL_01137
Fototeca de la Diputación Provincial
de Huesca
Fondo Ismael Pascual
Ismael Pascual Torres
El parque nuevo.
1972
Negativo. Plástico, 9 x 12 cm

Núm. 27

AYUNTAMIENTO DE HUESCA

Negociado Policia Urbana.   **Año** 1941.

O B J E T O

Expediente relacionado con acuerdo adoptado
por la Comisión Gestora Municipal, autorizando
al Delegado Provincial de Sindicatos de Huesca,
para que el Departamento Provincial de la Obra
Sindical del Hogar pueda construir un grupo de
64 viviendas protegidas en el campo denominado
"Villa Isabel".

=:!=::=::=:!=!=-::=:!=:!=

Sala_____ Estante_____ Tabla_____

Número 7.796

NOTARÍA

DE

JOSÉ Mª FONCILLAS

HUESCA

------------NÚMERO SETECIENTOS SETENTA Y NUEVE----------

En escritura otorgada ante el Notario de Huesca Don Jo-
se Maria Foncillas Loscertales,Don Victorino Cativiela-
Cornalet vendio a la "Union Municipal Oscense" el veinti
seis de Julio ultimo representado por su Presidente Don-
Dichoso Arizon Voz una porcion de terreno edificable si-
ta en termino de Huesca con entrada por un paso que parte
de la Avenida de Martinez de Velasco (Don Ramon)en la par
tida Lunes y Martes,que ocupa una superficie de once mil-
doscientos cincuenta y dos metros cuadrados, cincuenta y-
seis centimetros aproximadamente.

La venta se realizó en el precio de treinta y ocho mil
pesetas que el vendedor recibió en el acto de otorgarse-
la escritura a su satisfaccion.

Huesca 24 de Agosto de 1935.

El Oficial de Notaria
P.O.

Con fecha 24 de Agosto 1935. el señor Alcalde Don Orencio Pellicer,
expide certificación acreditativa del pago de la cantidad referida anteriormente por los metros de terreno para Casas baratas; cuya certificación se entrega al Sr. Presidente de dicha Sociedad.

= MEMORIA DESCRIPTIVA =

Constituye y es objeto del presente proyecto la construcción de sesenta y cuatro viviendas que la Jefatura de la Obra
Sindical del Hogar destina a los camaradas de la C.N.S. de
Huesca y que entran de lleno dentro del reglamento, normas
y ordenanza del Instituto Nacional de la Vivienda, para la
construcción de viviendas de renta reducida.

EMPLAZAMIENTO:- En una zona sensiblemente horizontal y de
forma lo suficientemente adecuada para una distribución y desarrollo de bloques en línea. La orientación elegida asegu-
ra una perfecta y eficaz acción de los rayos solares ya que
la separación entre bloques paralelos es muy superior a vez
y media la altura de aquellos.

La nueva vía de ronda que tiene proyectada en su urbanización la Corporación Municipal de la Ciudad de Huesca, asegu-
ra un perfecto funcionamiento de las calles que se proyectan
y que pasan a tener un caracter estrictamente particular y
de servicio de la vivienda, quedando por lo tanto protegido
todo el conjunto de la acción directa e intensiva del tráfico rodado.

TIPOS DE VIVIENDAS:- Como anteriormente se ha indicado se
proyectan estas desarrolladas en línea y se reducen a dos
tipos diferentes como puede verse con facilidad en los co-
rrespondientes planos adjuntos. Esta diferencia tiene por
causa la opuesta orientación que determinaría la repetición
del tipo llamado A ya que al desarrollarse simétricamente no
se cumplirían las condiciones de soleamiento eficaz preconizadas en las normas del Instituto Nacional de la Vivienda.

DESCRIPCION:- Se compone indistintamente cada vivienda
de jardín anterior de acceso de 7'00 x 3'50 m, edificio vivienda propiamente dicho de 7'00 x 7'00 m y patio corral exterior de 7'00 x 7'00 m.

Cada vivienda se compone de entrada vestíbulo, comedor,
sala despacho, cocina, despensa, W.C., y lavadero en planta
baja, el acceso a la planta superior por la correspondiente
escalera componiendose la indicada planta de tres dormitorios, cuarto de baño y W.C. Todas las características que
hacen referencia a superficie en planta, cubicación o volu-
men, superficies de cerramiento y de ventanas, exceden y se
amoldan a las normas preconizadas en el régimen del Instituto Nacional de la Vivienda y quedan detalladas con prolija
minuciosidad en los planos descriptivos de cada uno de los
tipos antes citados.

CARACTERISTICAS DEL TERRENO:- El terreno sensiblemente
horizontal tiene características que permiten garantizar un
firme sólido y resistente a un metro de profundidad aproximadamente, el cual dadas las condiciones geológicas del terreno ynlas muestras obtenidas por medio de catas en construcciones adyacentes y en el propio solar permiten prever
un estrato sensiblemente horizontal de características uni-
formes e inmejorable dadas las cargas que debe soportar.

La ligera pendiente del conjunto y de sus alrededores eli-
mina todo peligro de encharcamientos y acumulaciones de agua
pluviales durante los periodos de máximas precipitaciones acuo-
sas.

CARACTERISTICAS CONSTRUCTIVAS:- La construcción se prevé
a base de bloques de cemento, tanto en fachada anterior como
en fachada posterior, como asimismo en los elementos activos
de carga; desarrollandose la estructura en dos simples cru-
gías que simplifican el problema de elementos sustentantes
intermedios y que en nuestro caso quedan reducidos a un simple pilar central en ambos tipos de viviendas.

Las paredes medianiles se preven a base de adobes, ya que
no teniendo contacto exterior alguno con la atmósfera, no es
de prever su deterioro y desgaste por las inclemencias atmos-
féricas, por otra parte tampoco deben sustentar mas carga que
la propia asignandoseles pues una simple misión de separación
de viviendas.

Los entramados a base de rollizos de madera tanto el de
piso como el de cubierta, siendo esta a dos vertientes. For-
jados a base de cañizo, yeso y cascote; pavimentos de mosaico
hidraulico y cielo raso tento en planta baja como en planta
de piso.

La cubierta a base de teja árabe sobre solera de rasilla.
Todos los interiores lavados con yeso y simplemente pintados
al temple.

Exteriores jaharrados y enlucidos con cal.

Los documentos que acompañan el presente proyecto son los
siguientes: Plano de situación a escala 1 : 2.000, con curvas
de nivel indicando la orientación y su situación con respecto a las calles y servicios existentes y las del plano municipal aprobado y en proyecto. Plantas, alzados y secciones
de cada uno de los tipos que se proyectan.

Avance de presupuesto.

Memoria descriptiva y breve estudio económico justificati-
vo del presupuesto elegido.

Huesca, noviembre de 1.941.

LOS ARQUITECTOS:

Firmado: E. Lagunilla   y   Firmado: Miguel Aranda

310.

Policia Urbana.

Tengo el gusto de adjuntarle un ejemplar de
la Memoria del Proyecto del Grupo de viviendas
Protegidas "Unión Oscense", que ha remitido
a esta Alcaldía el Secretario Técnico de la
Obra Sindical del Hogar y de Arquitectura,
atendiendo a requerimiento que se le hicie-
ra de acuerdo con su escrito de 10 del actual.

Por Dios, España y su Revolución Nacional-
Sindicalista.

Huesca, 16 de Febrero de 1944.
El Alcalde.

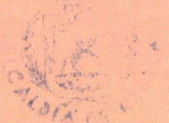

Señor. Arquitecto Municipal de esta Ciudad.

AYUNTAMIENTO DE HUESCA

Negociado Policía Urbana. **Año** 1944.

OBJETO

Antecedentes sobre remisión al Arquitecto municipal de copia del Proyecto del Grupo de Viviendas Protegidas "UNION OSCENSE" enviado a la Alcaldía por el Secretario Técnico de la Obra Sindical
del Hogar y de Arquitectura.

=:=:=:=:=:=:=:= =:=:=

3.285

La Comisión Gestora del Excmo. Ayuntamiento de esta Ciudad,
en su sesión del día 18 de Noviembre en curso, adoptó el siguiente
acuerdo:

"La Corporación conoció escrito, fechado ayer y recibido hoy,
del Jefe Provincial de Falange y del Delegado sindical provincial,
con el que se presenta el anteproyecto de construcción de sesenta y
cuatro viviendas para afiliados de la Obra Sindical del Hogar, que
se proyectan construir en terrenos de dicha Obra.

La Alcaldía explicó ampliamente que había sostenido entrevista con la Jefatura Provincial del Movimiento y con el Delegado sindical, tratando de este asunto, que viene a proseguir la política
de mejoramiento de la vivienda, que ya el Ayuntamiento inició con su
proyecto de bloque de cincuenta viviendas protegidas (cuya subasta
se halla anunciada de nuevo en el Boletín Oficial del Estado). Entie
de que, habida cuenta de haber sido aprobado en esta misma sesión el
proyecto de ensanche, puede autorizarse la construcción de las misma
viviendas en el emplazamiento que se propone, campo denominado de
"Villa Isabel". Siguió diciendo la Presidencia que, para demostrar
de modo tangible la asistencia del Ayuntamiento a tan laudable proyecto de la Obra Sindical del Hogar, proponía que la Corporación ini-
ciara, en los ciento cincuenta metros que aproximadamente comprende
el tramo de la calle en proyecto -de 20 metros de anchura-, frontera
al terreno de emplazamiento de las indicadas 64 viviendas, en su em-
palme con la carretera de Zaragoza, con la adquisición de los terrenos necesarios para el trazado de tal vía la urbanización de ese
trayecto, que será el comienzo de la gran arteria que ha de unir las
carreteras de Zaragoza y Jaca desde el Ibón a las Escuelas de Pa-
dres Salesianos.

La Corporación mostró unánime y absoluta conformidad con la
propuesta de la Alcaldía que queda transcrita, acordándolo así con
todo entusiasmo y facultando a la misma Presidencia para que comien-
ce las gestiones encaminadas a la adquisición de los terrenos corres-
pondientes al tramo de la nueva calle en cuestión; habida cuenta de
que las urbanizaciones de las calles particulares de las 64 viviendas que se proyectan correrán a costa de los peticionarios y que se
incluirán en la ejecución del proyecto de viviendas."

Lo que me complazco en participar a usted para su conocimiento y demás efectos y como contestación a su atento escrito de 17 de
noviembre actual.

Dios guarde a V. muchos años.
Huesca, 22 de Noviembre de 1941.
El Alcalde.

Señor. Delegado Provincial de Sindicatos,

HUESCA.

OBRA SINDICAL DEL HOGAR
R E A L I D A D E S

Grupo "Unión Oscense"

Tiempo atrás, unos meses, al iniciar la Obra Sindical del Hogar sus tareas en la provincia, unos camaradas, modestos empleados y artesanos, trajeron a nosotros su pequeño gran problema.

Desde el año 1935, estos camaradas se afanaban infructuosamente por dar forma al propósito que venía siendo acariciado aisladamente por todos. Se trataba de llegar a poseer cada uno una **casa propia.**

Habían constituído ya entonces una cooperativa que diese cauce al deseo, pero por muchas razones se había perdido esterilmente su acción.

Ellos vieron en nuestra Obra la ocasión única de llegar a cumplir el viejo anhelo.

Nos complacemos hoy en ofrecer a nuestros camaradas la muestra de cuanto hemos hecho. A todos los sindicados de la provincia, la mejor propaganda de nuestra Obra.

. . . .

El Grupo «Unión Oscense» está compuesto por 64 viviendas en cinco bloques paralelos, de dos plantas. Cada vivienda es individual y posee un jardín a la entrada de 24'5 m² y un corral a la parte posterior de 49 m² Las casas, de dos tipos,

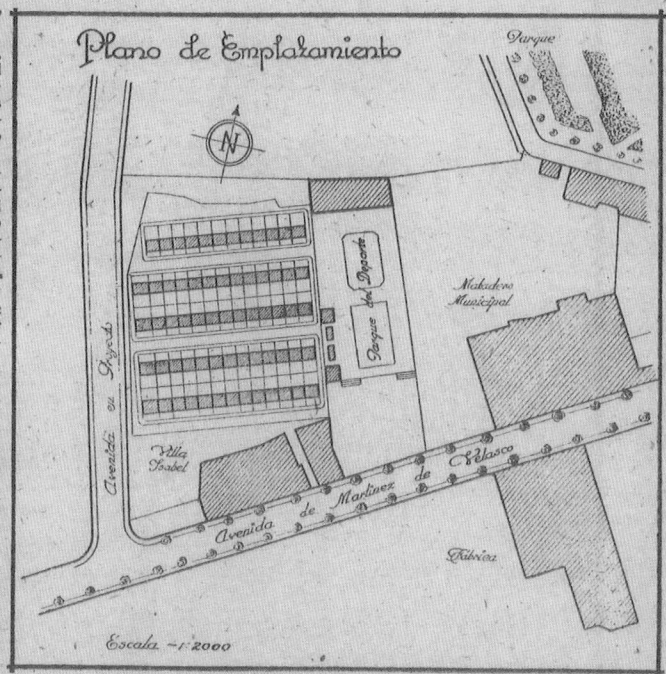

Plano de Emplazamiento

Escala ~1:2000

se diferencian entre sí únicamente por la distribución que ha tenido que estudiarse por la distinta orientación de los bloques. Las del tipo A, constan de cocina, comedor, despensa, retrete, vestíbulo y escalera acceso a la parte superior, en la planta baja; y tres dormitorios y baño en la planta superior. Las de tipo B están compuestas de cocina, comedor, despacho, vestíbulo y retrete en la planta baja, además de la escalera, y tres dormitorios y baño en la planta de piso.

Las pocas condiciones que reunían los terrenos que el Grupo poseía en el campo de deportes de «Villa Isabel», en los que la entrada tenía que realizarse por un paso de servidumbre por otra finca, se han obviado gracias a que en el nuevo plan de urbanización de la ciudad, llevado a cabo por la Oficina Técnica de Regiones Devastadas, figura una gran avenida de 20 metros de anchura, que habrá de limitar por poniente al Grupo. Esta gran vía, a la que han sido orientadas las calles que entre sí forman los bloques, fué tomada en su realización con especial interés por el Ayuntamiento, que se propone acometer su construcción rápidamente.

Una ilusión que Falange hará realidad.

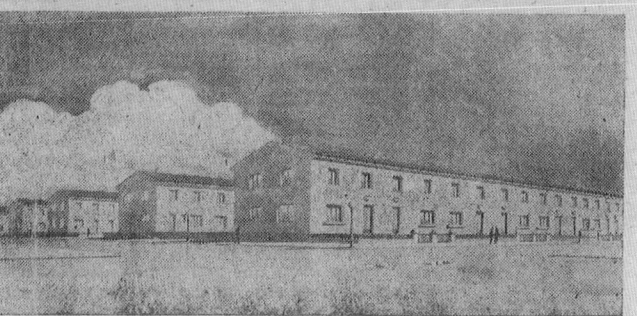

El que trabaja tiene derecho a vivir decorosamente

43

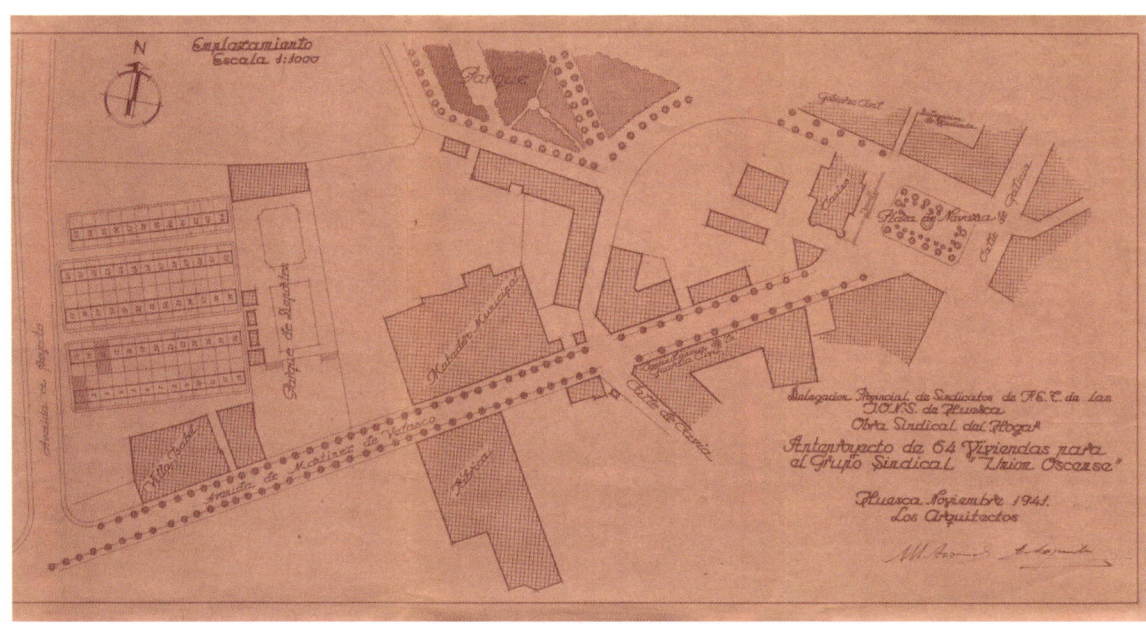

Emplazamiento
Escala 1:1000

N

Parque

Gobierno Civil

Plaza de Navarra

Estación Municipal

Parque de Deportes

Avenida de Angulo

Avenida de Martínez de Velasco

Campo

Riera

Delegación Provincial de Sindicatos de F.E.T. de las
J.O.N.S. de Huesca
Obra Sindical del Hogar

Anteproyecto de 64 Viviendas para
el Grupo Sindical "Unión Oscense"

Huesca Noviembre 1941.
Los Arquitectos

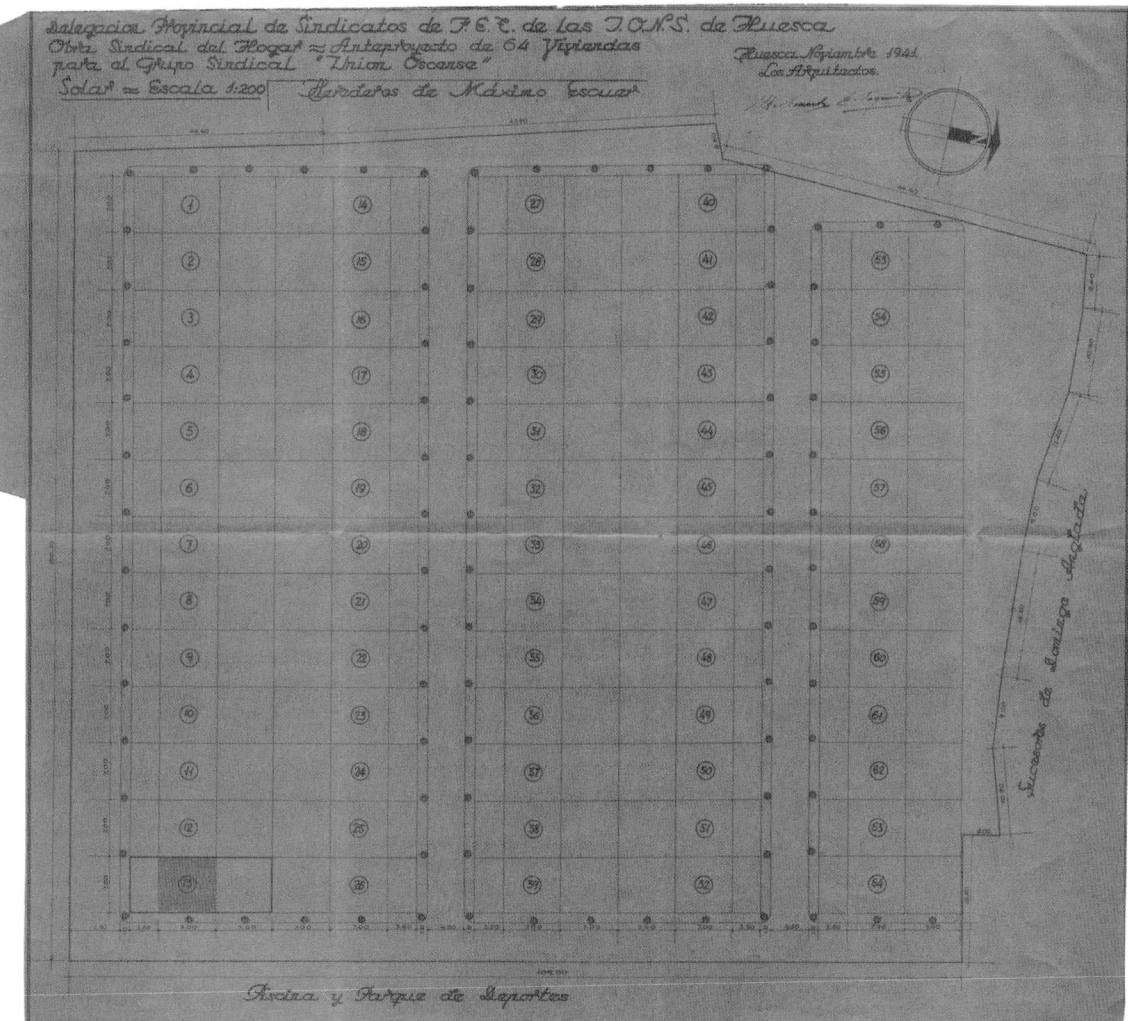

Delegación Provincial de Sindicatos de F.E.T. de las J.O.N.S. de Huesca
Obra Sindical del Hogar ≈ Anteproyecto de 64 Viviendas
para el Grupo Sindical "Unión Oscense"

Huesca Noviembre 1941
Los Arquitectos.

Solar ≈ Escala 1:200   Herederos de Máximo Escuer

Avenida y Parque de Deportes

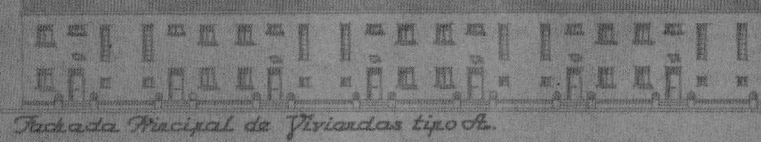

Fachada Principal de Viviendas tipo A.

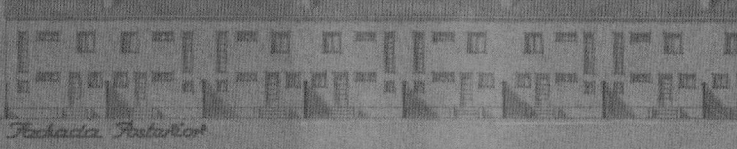

Fachada Posterior

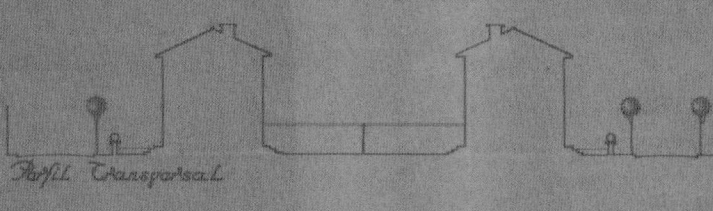

Fachada Principal de Viviendas tipo B.

Fachada Posterior

Perfil Transversal

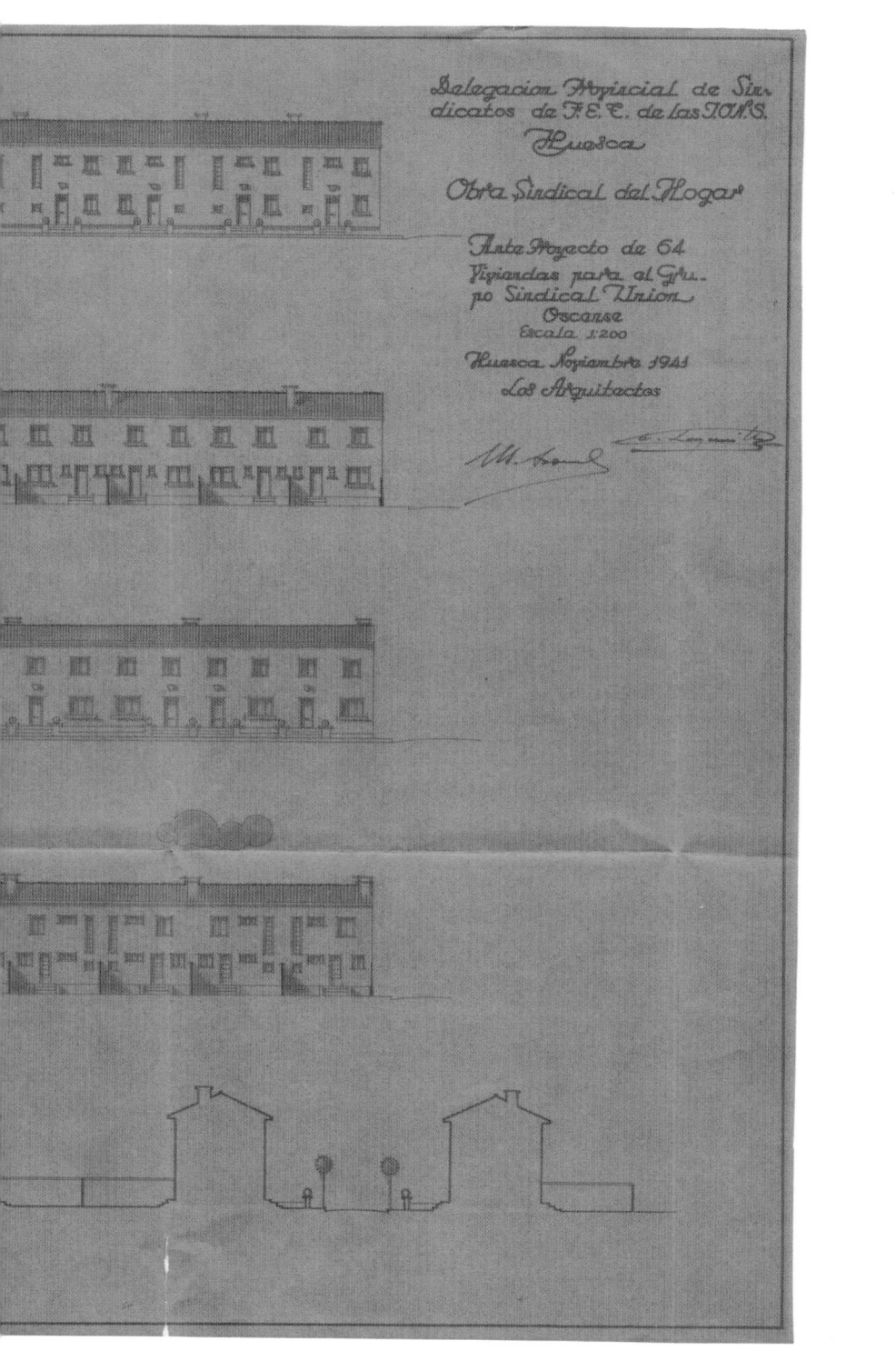

Delegación Provincial de Sindicatos de F.E.T. de las J.O.N.S.

Huesca

Obra Sindical del Hogar

Ante Proyecto de 64 Viviendas para el Grupo Sindical Unión Oscense

Escala 1:200

Huesca Noviembre 1941

Los Arquitectos

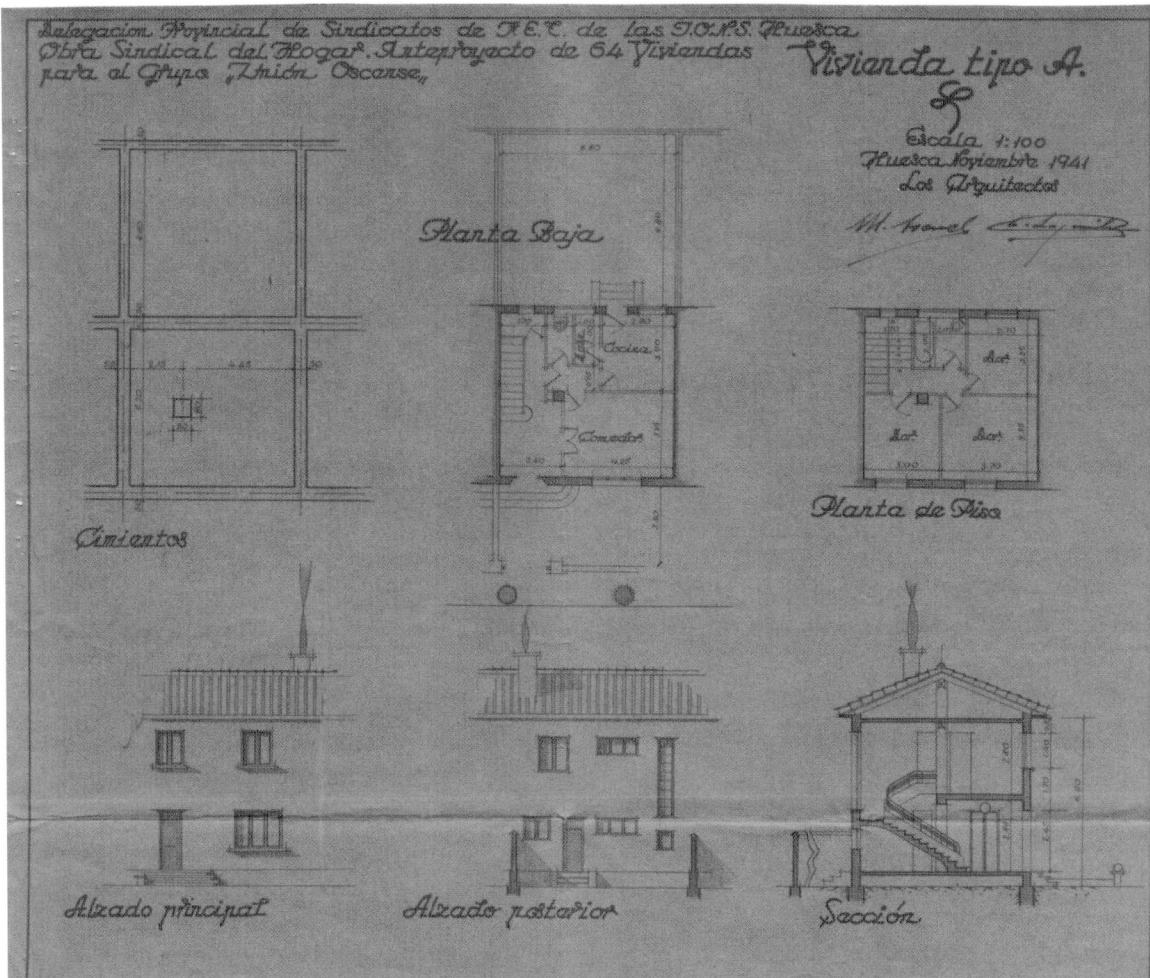

Delegación Provincial de Sindicatos de F.E.T. de las J.O.N.S. Huesca
Obra Sindical del Hogar. Anteproyecto de 64 Viviendas
para el Grupo "Unión Oscense"

Vivienda tipo A.

Escala 1:100
Huesca Noviembre 1941
Los Arquitectos

Cimientos

Planta Baja

Comedor

Planta de Piso

Alzado principal

Alzado posterior

Sección

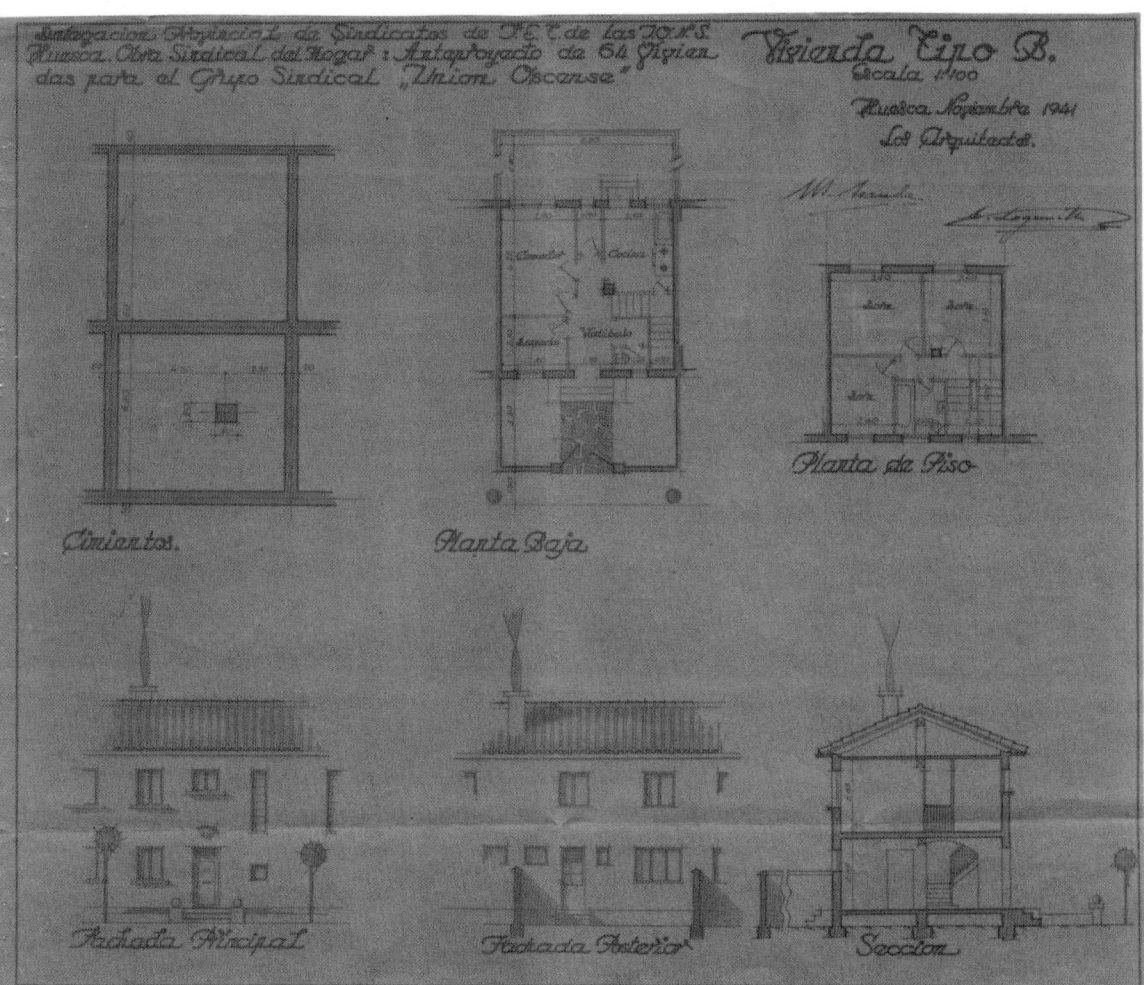

Cimientos.

Planta Baja

Planta de Piso

Fachada Principal

Fachada Posterior

Sección

49

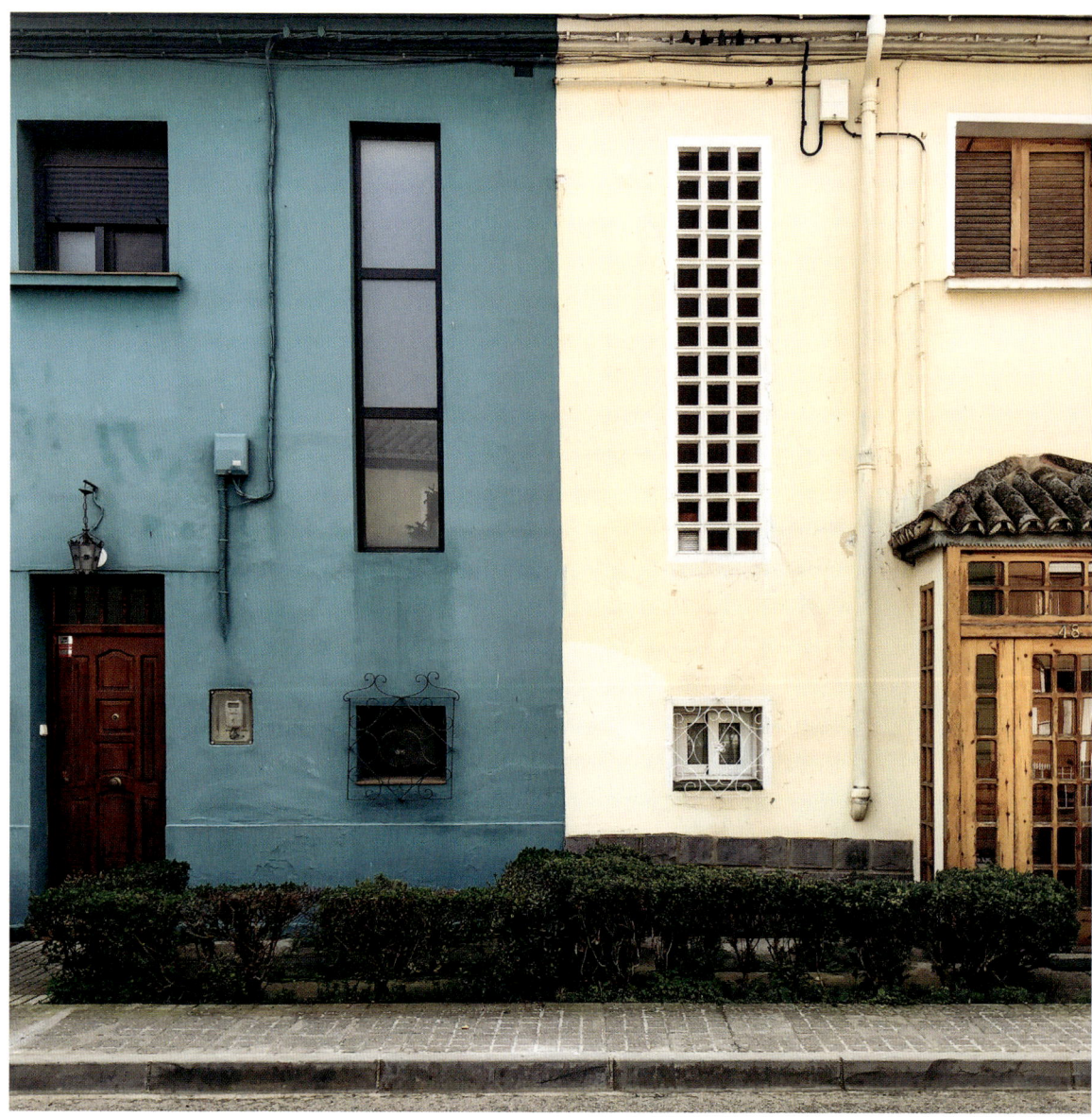

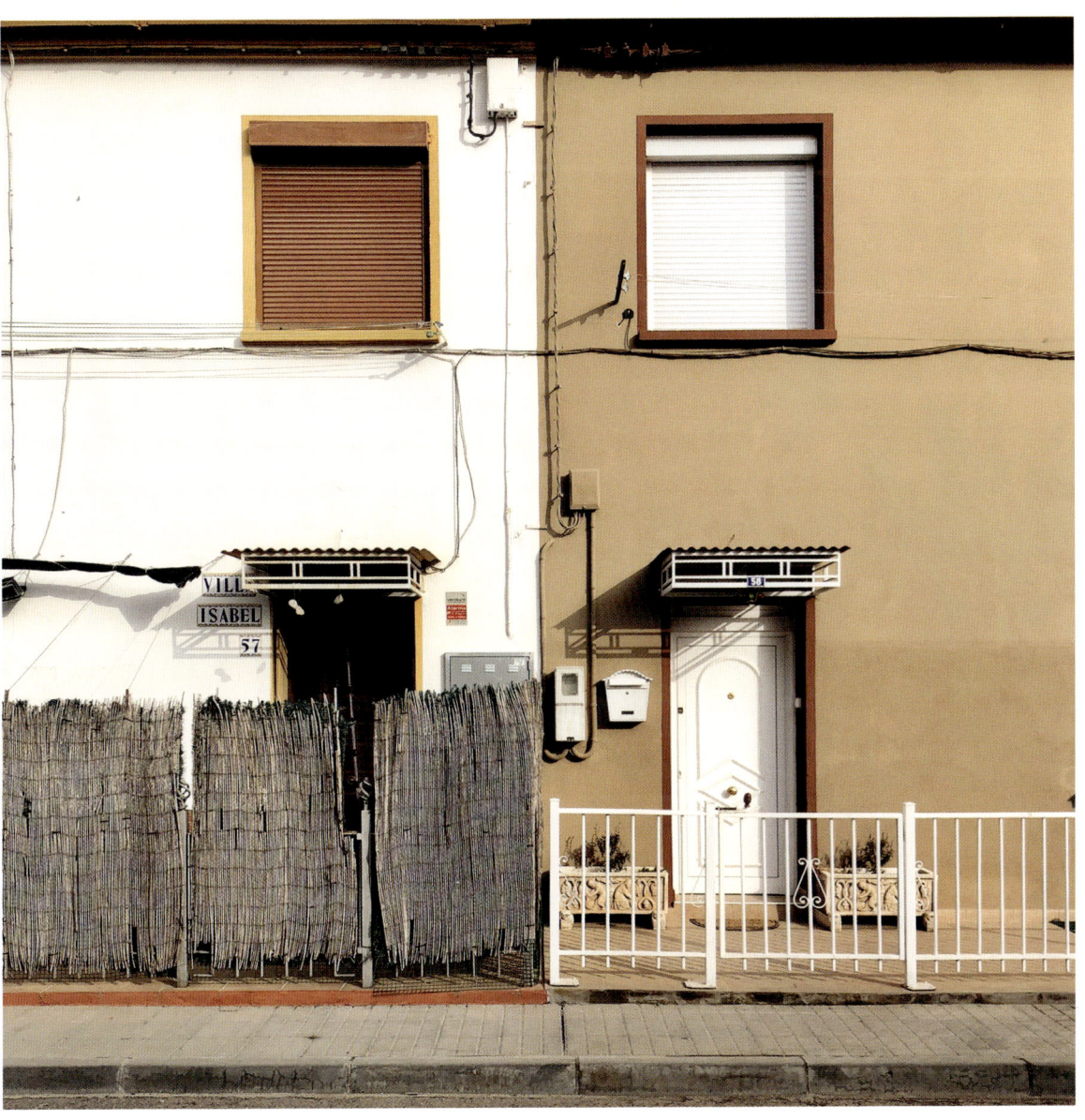

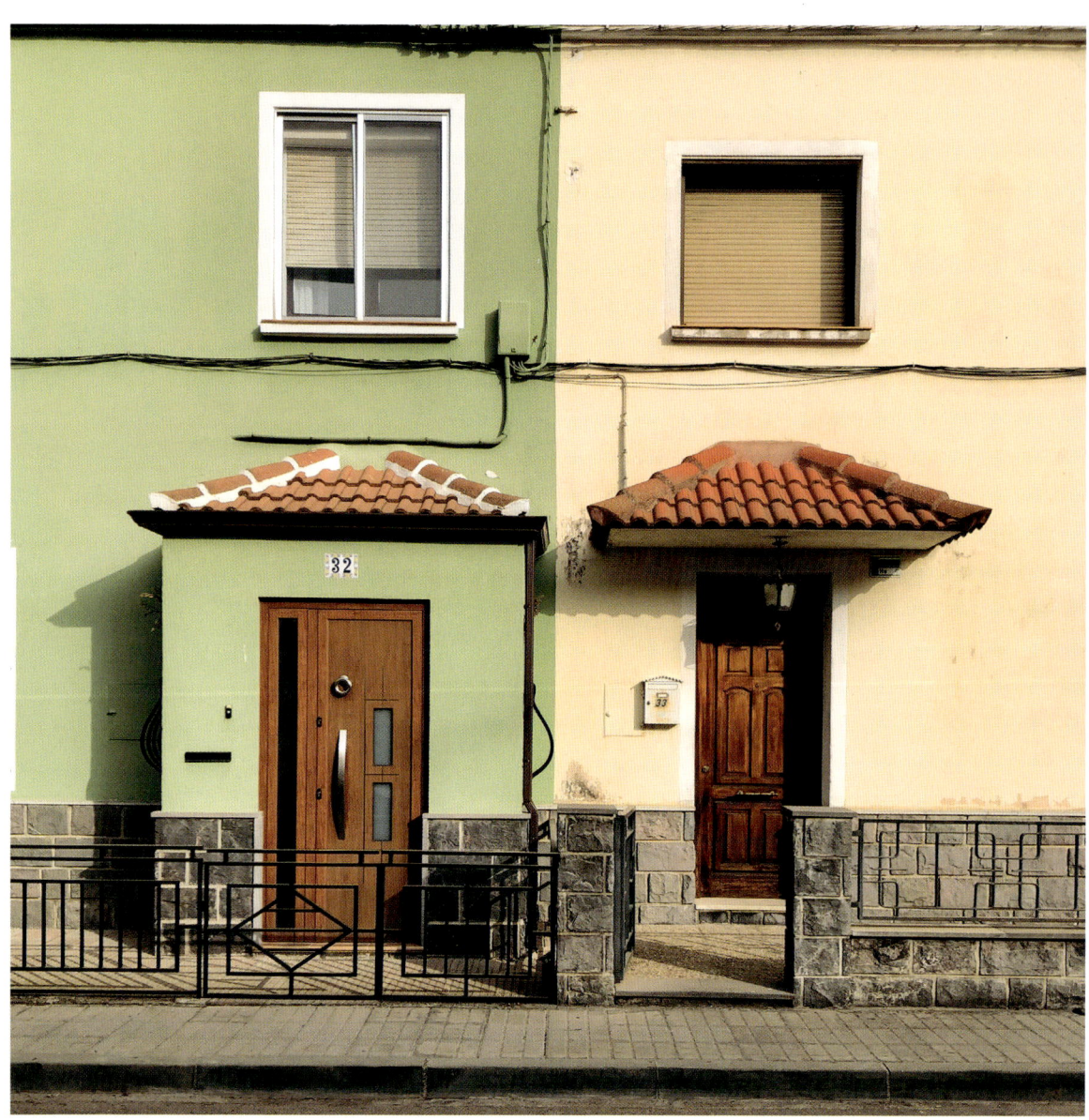

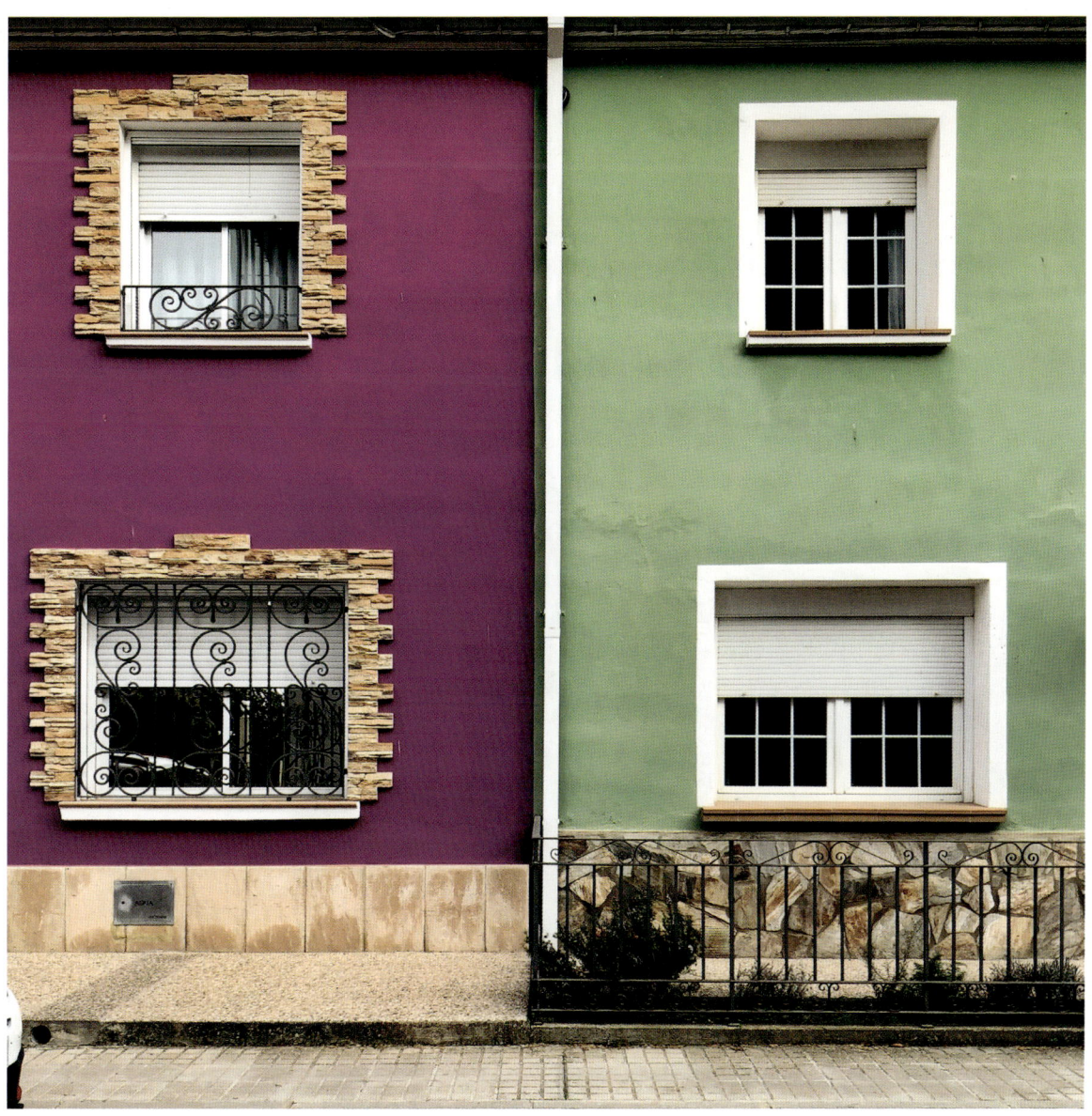

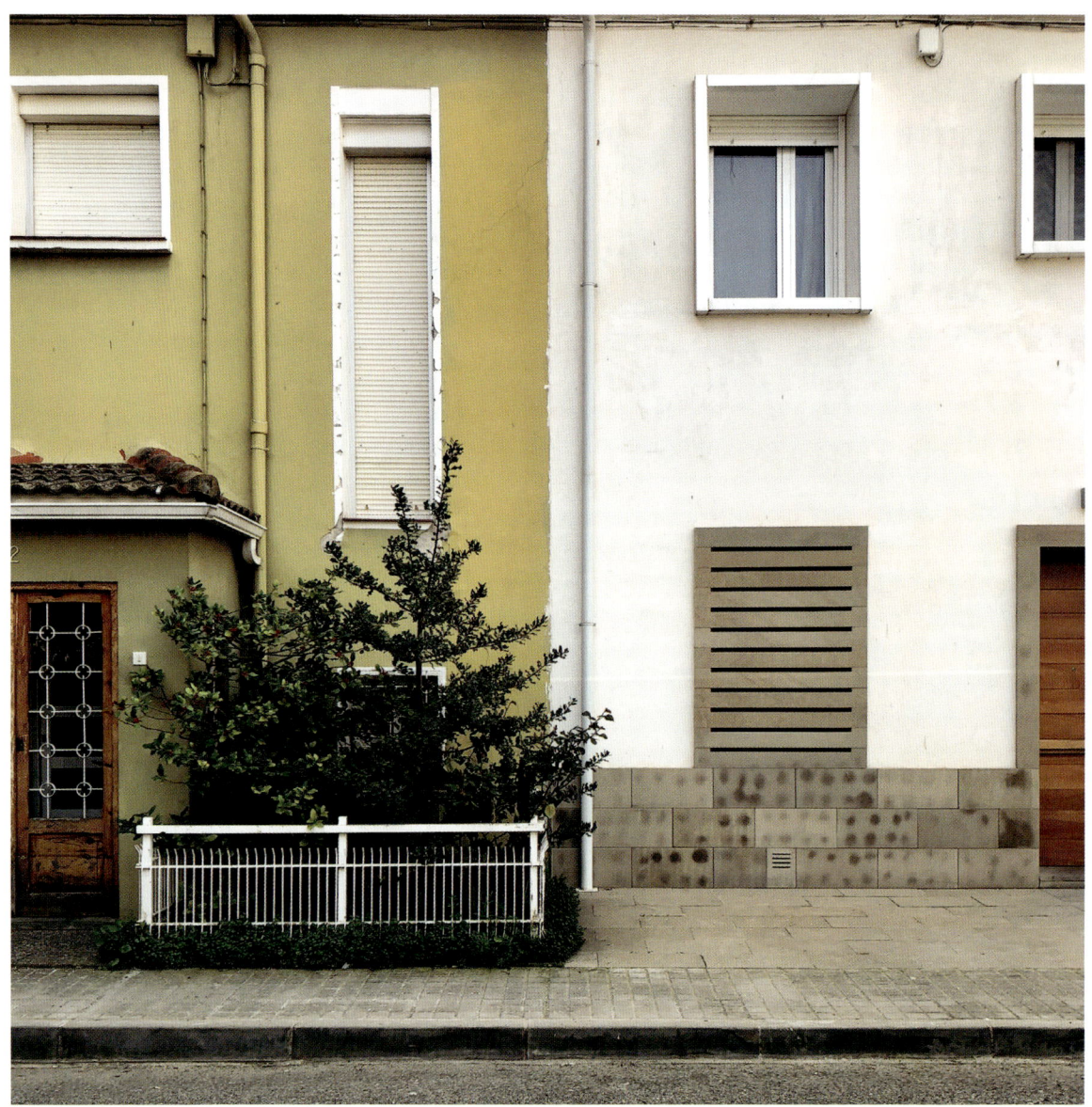

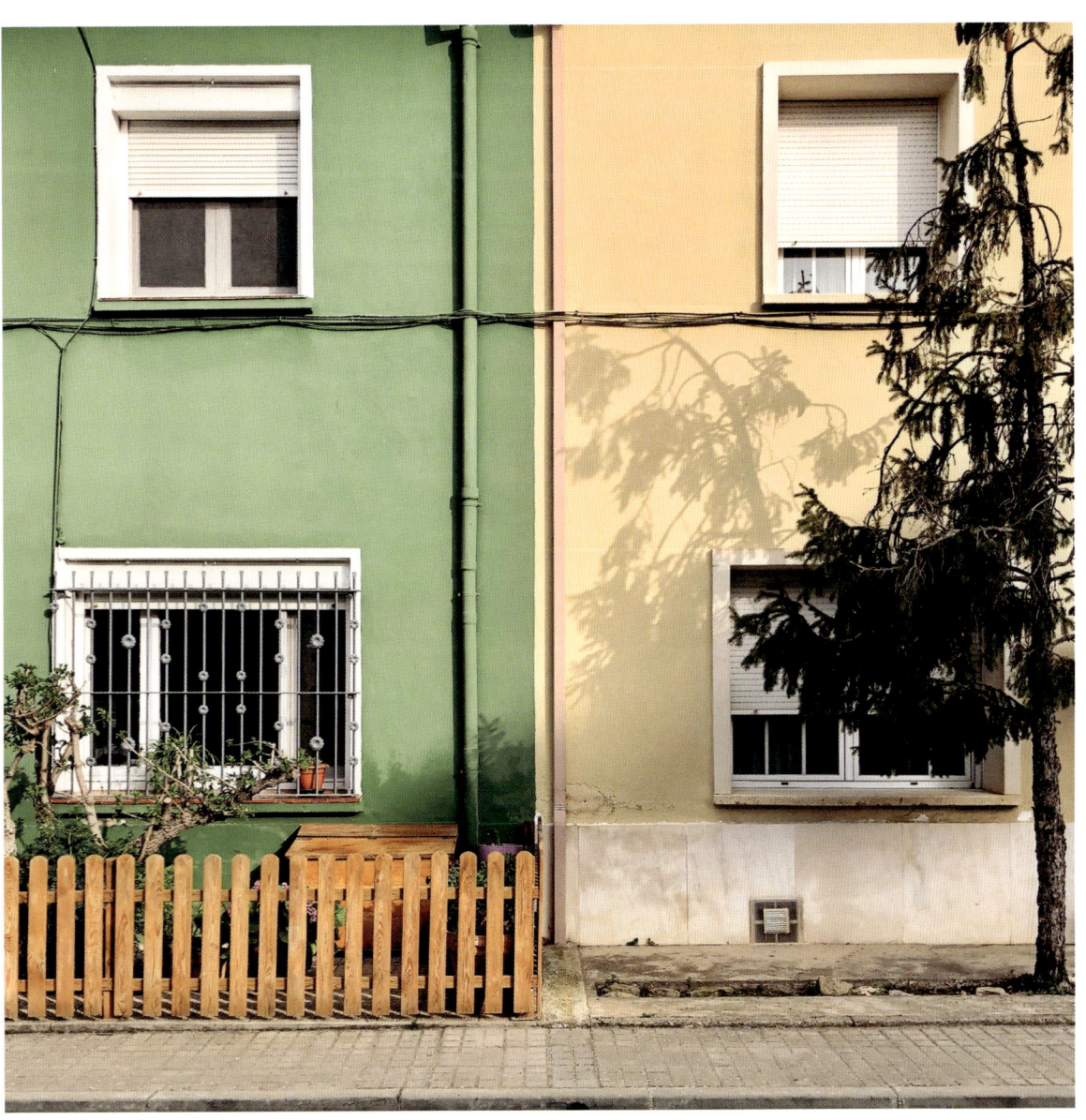

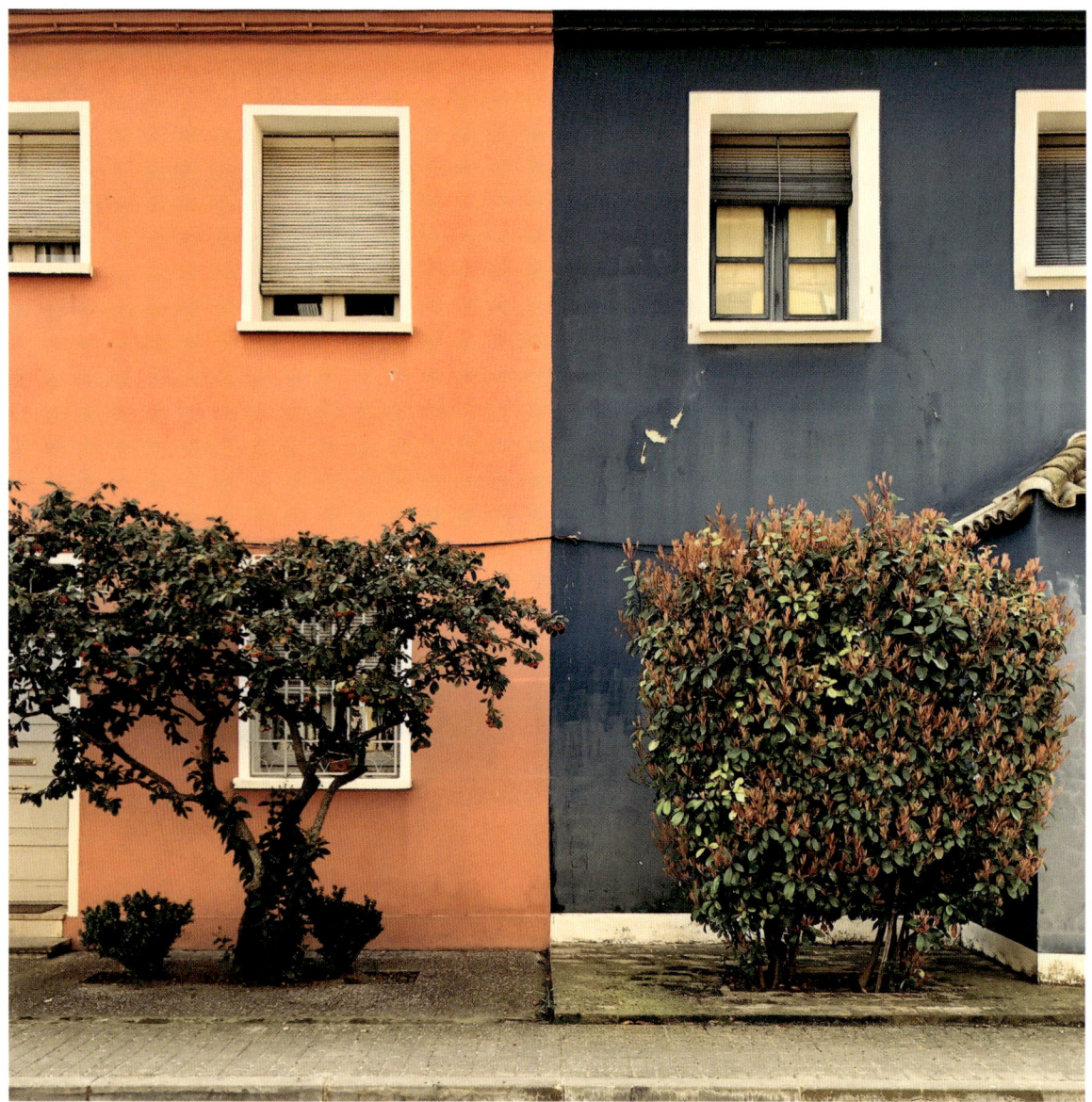

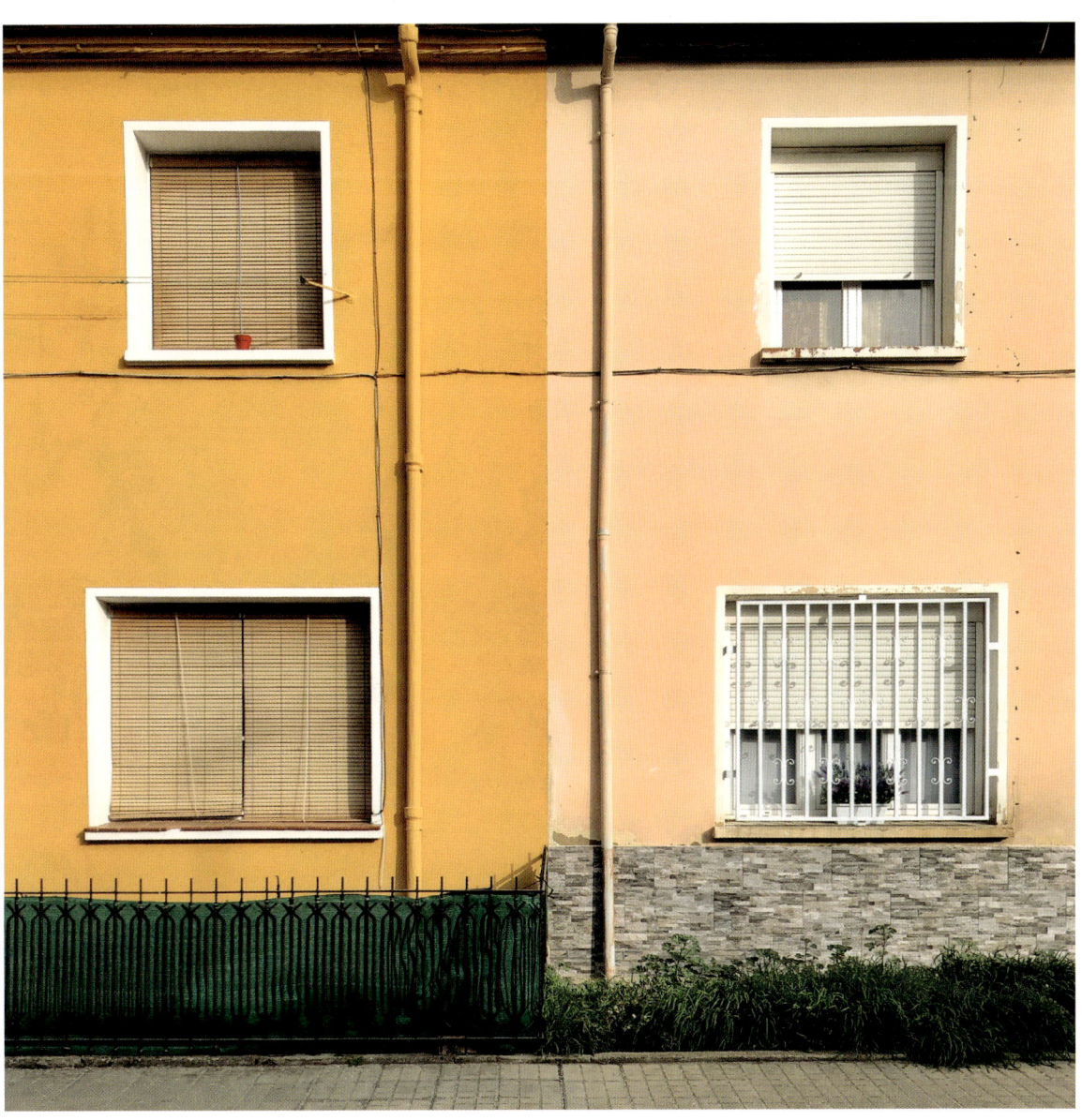

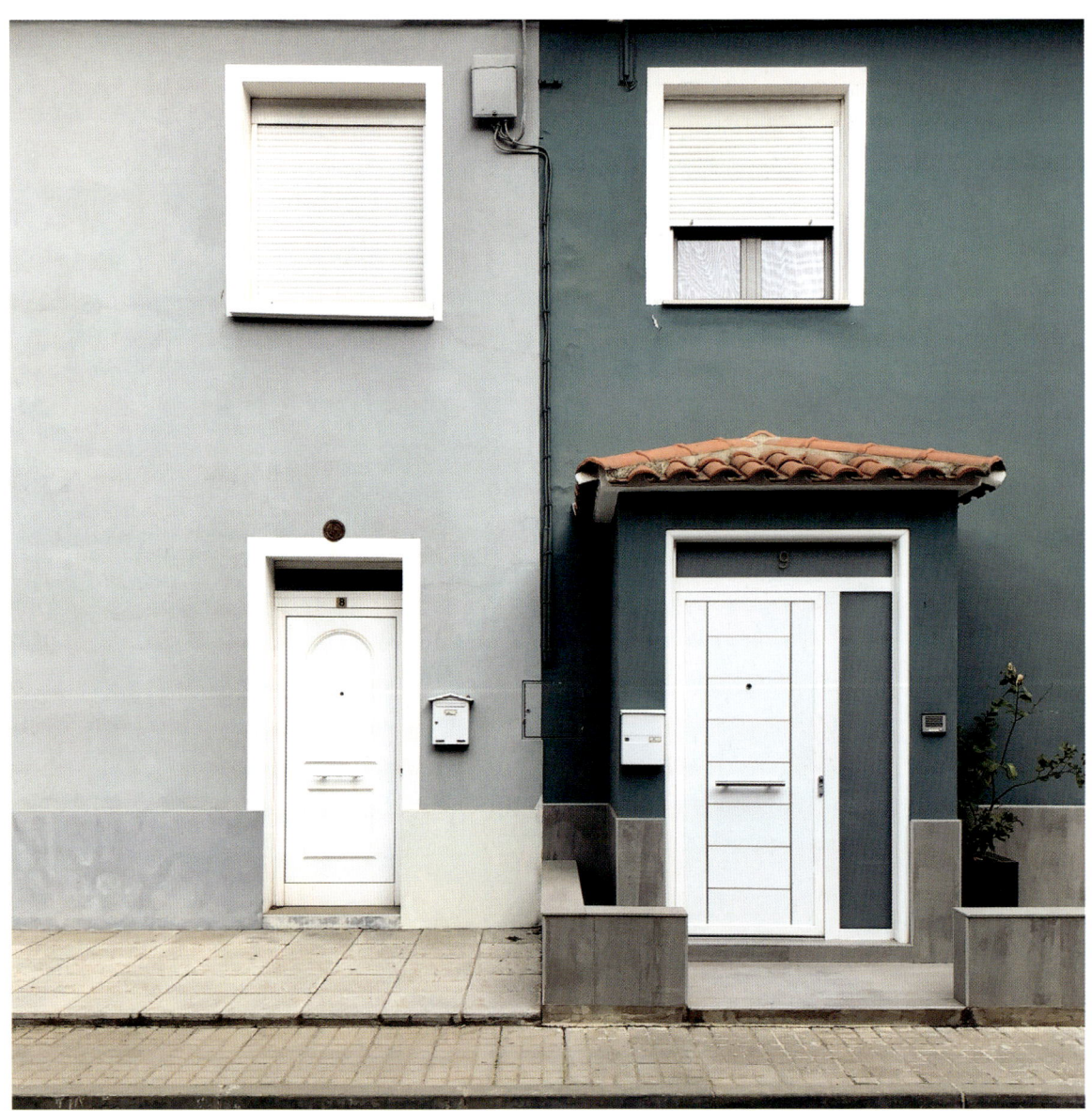

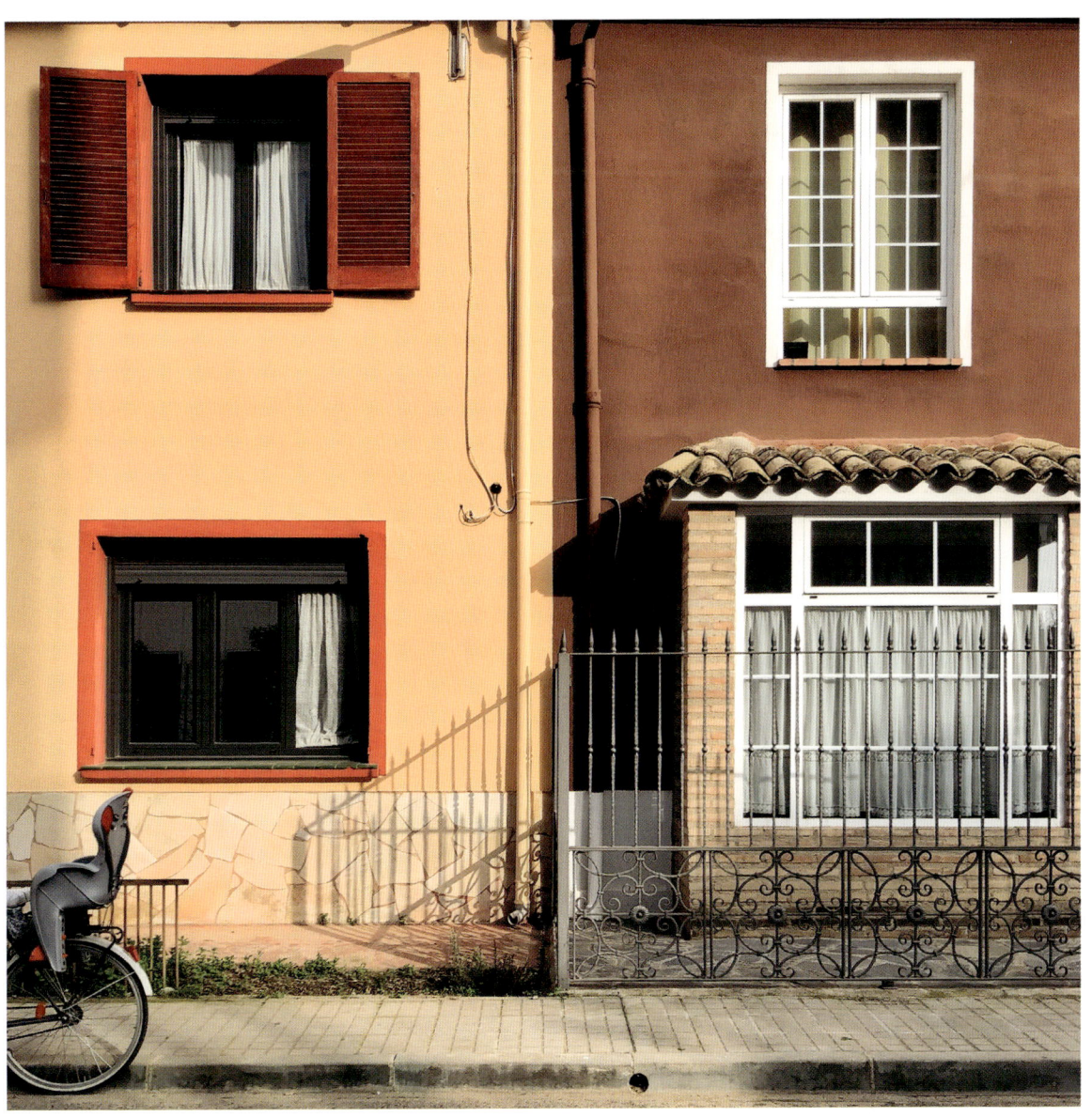

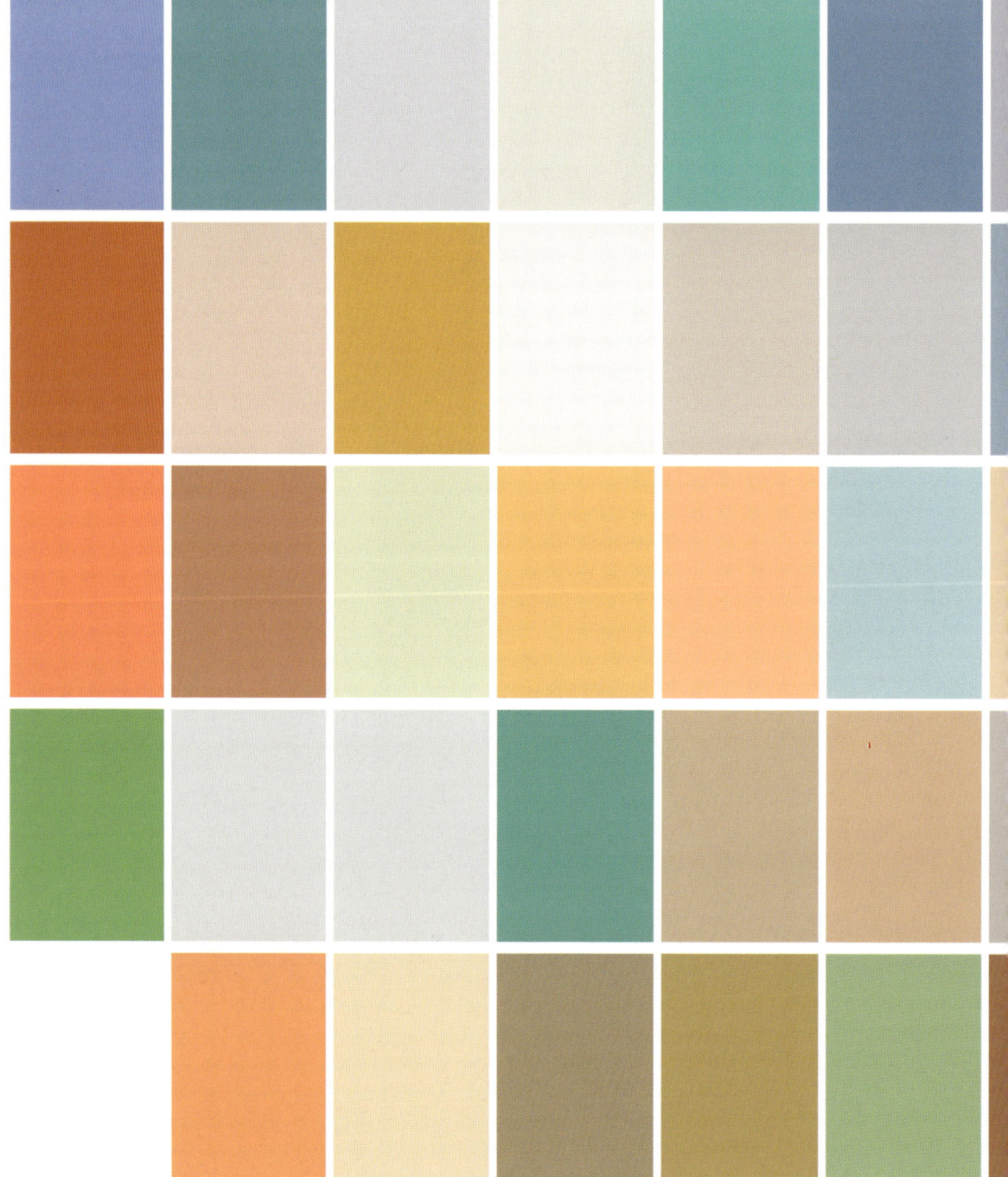

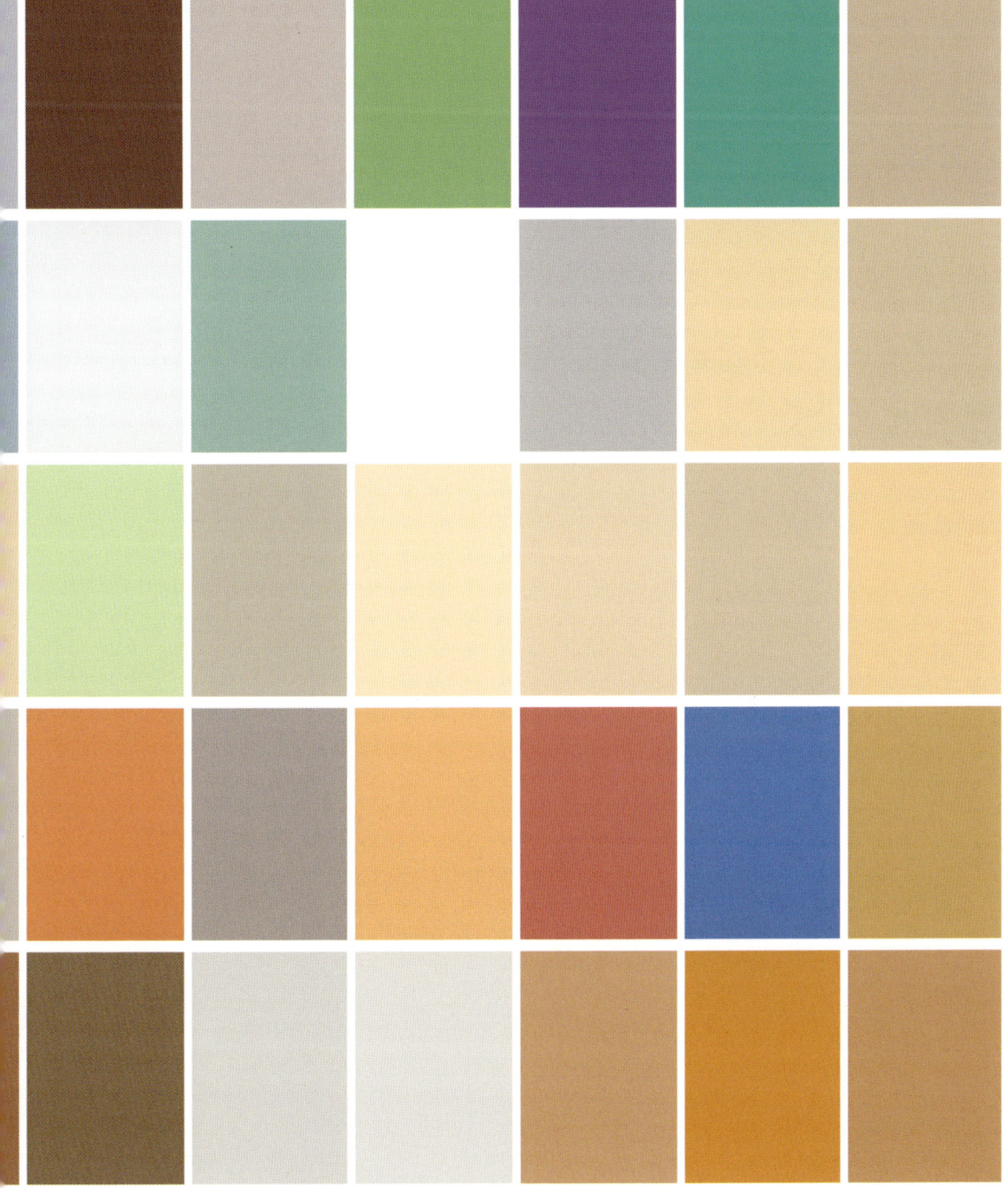

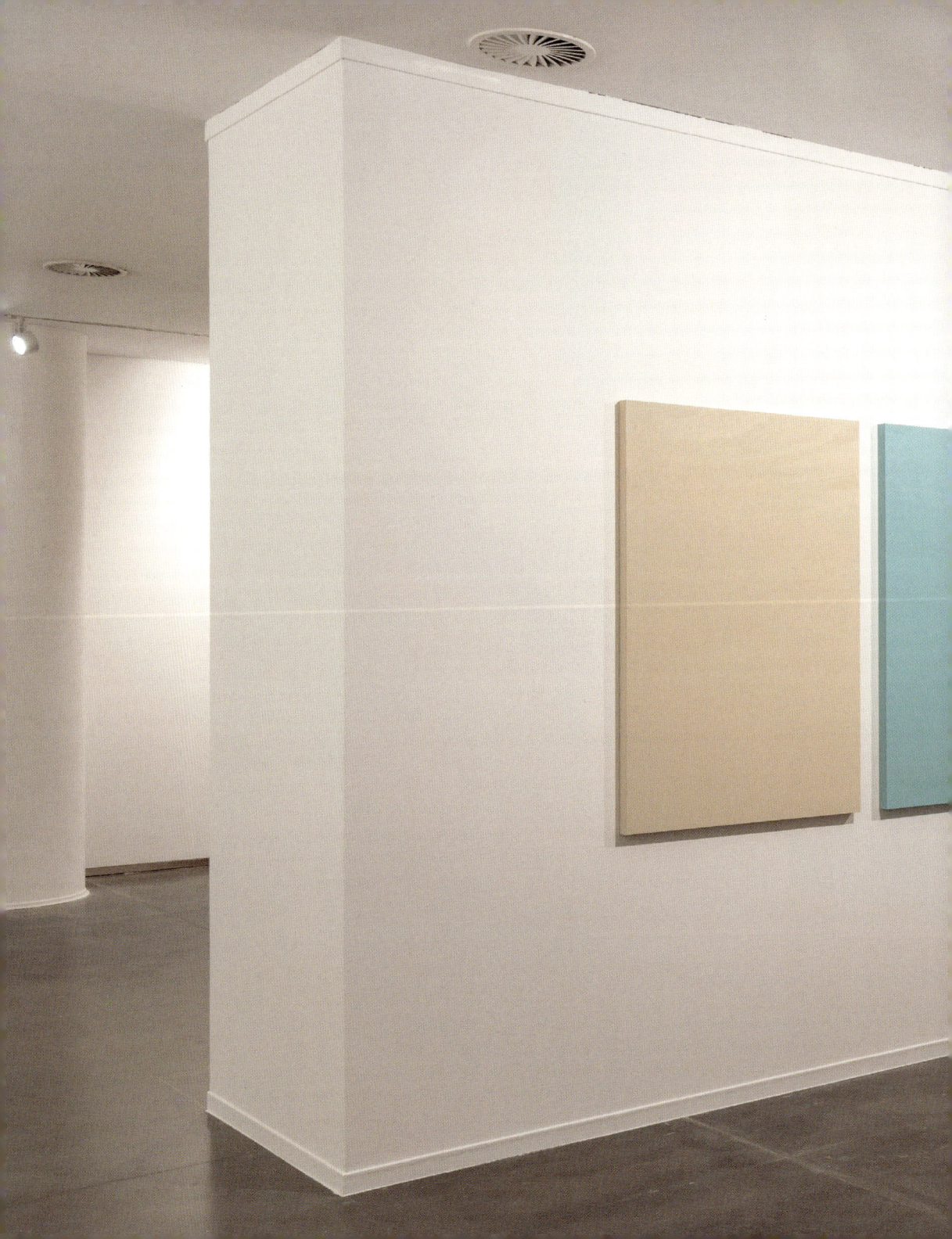

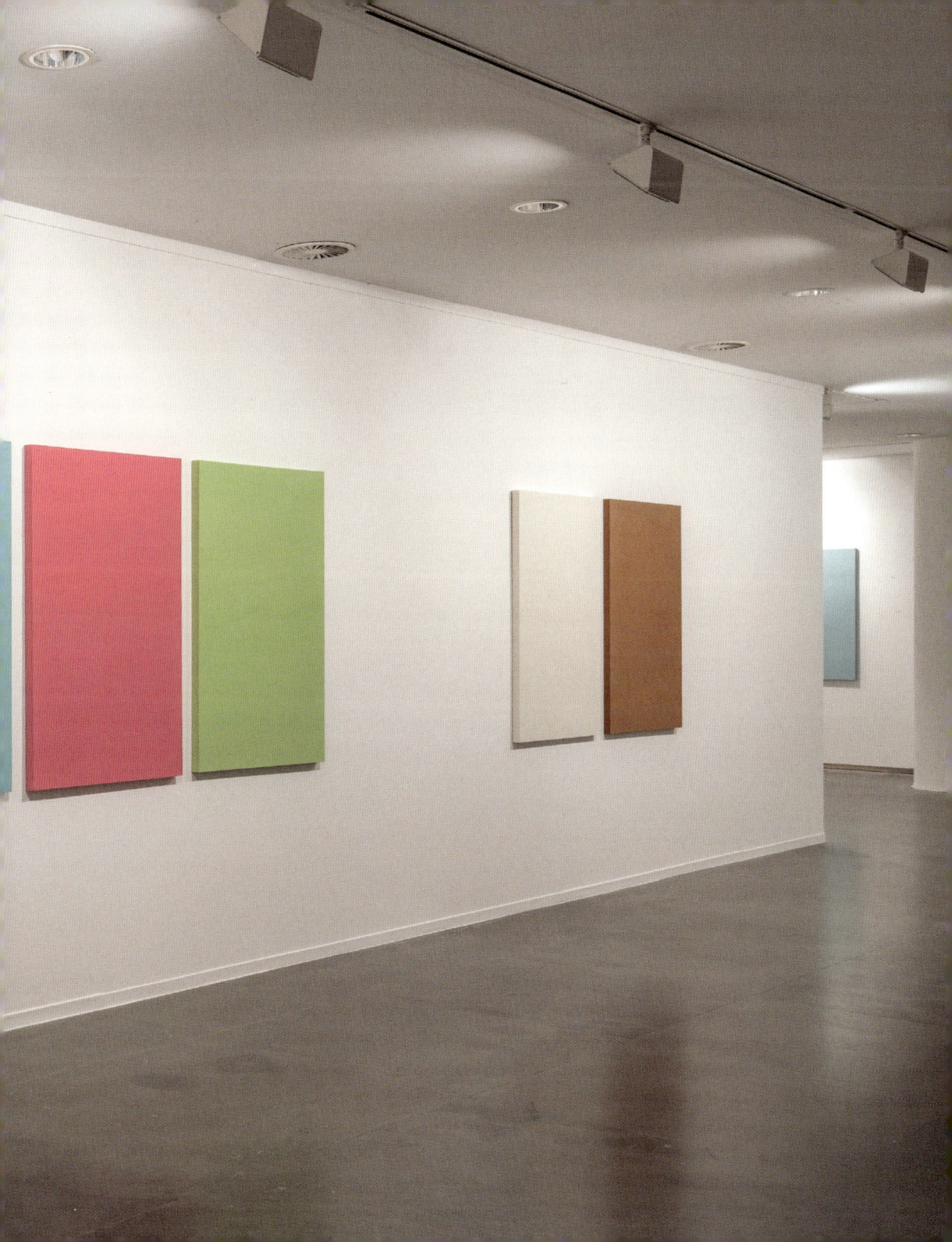

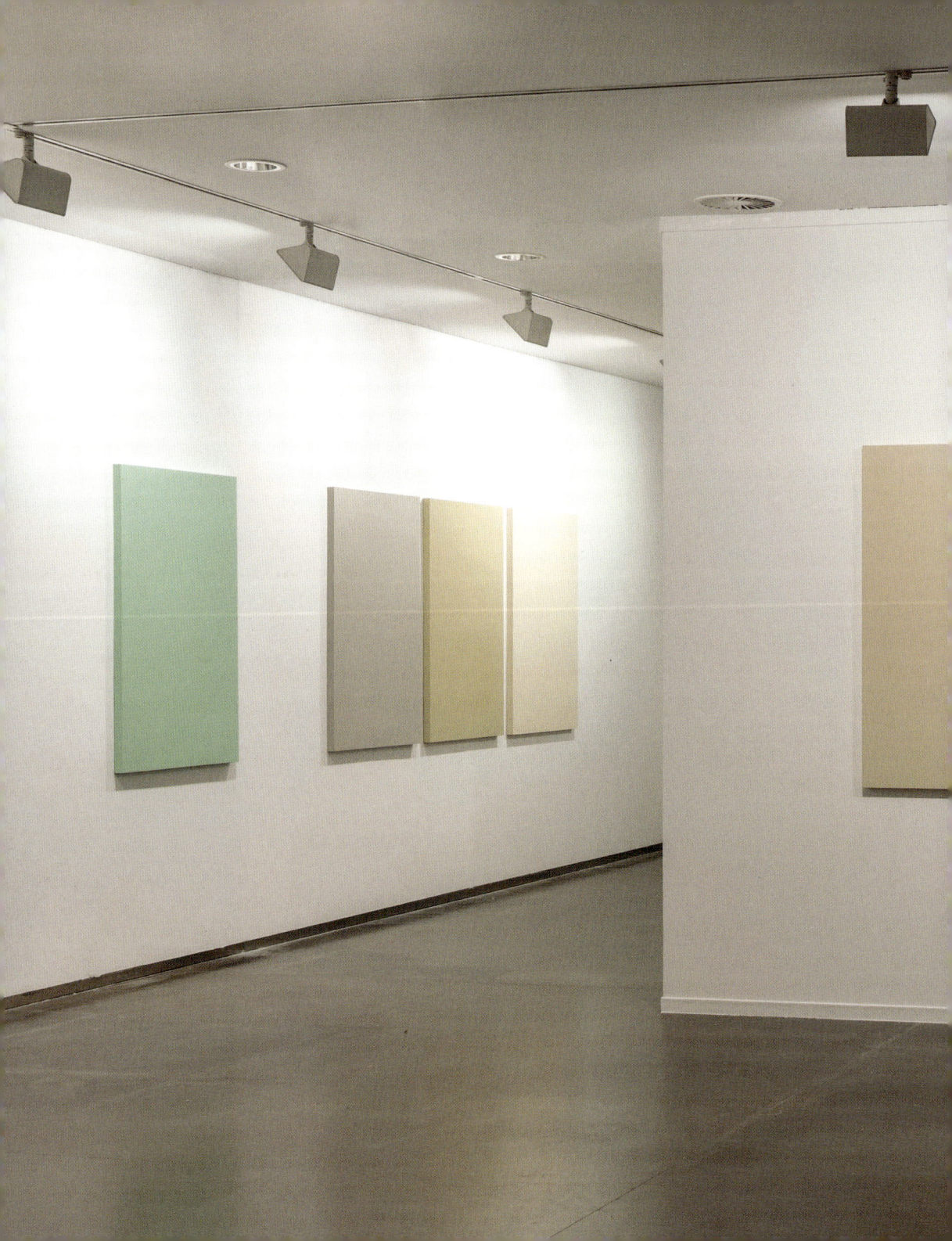

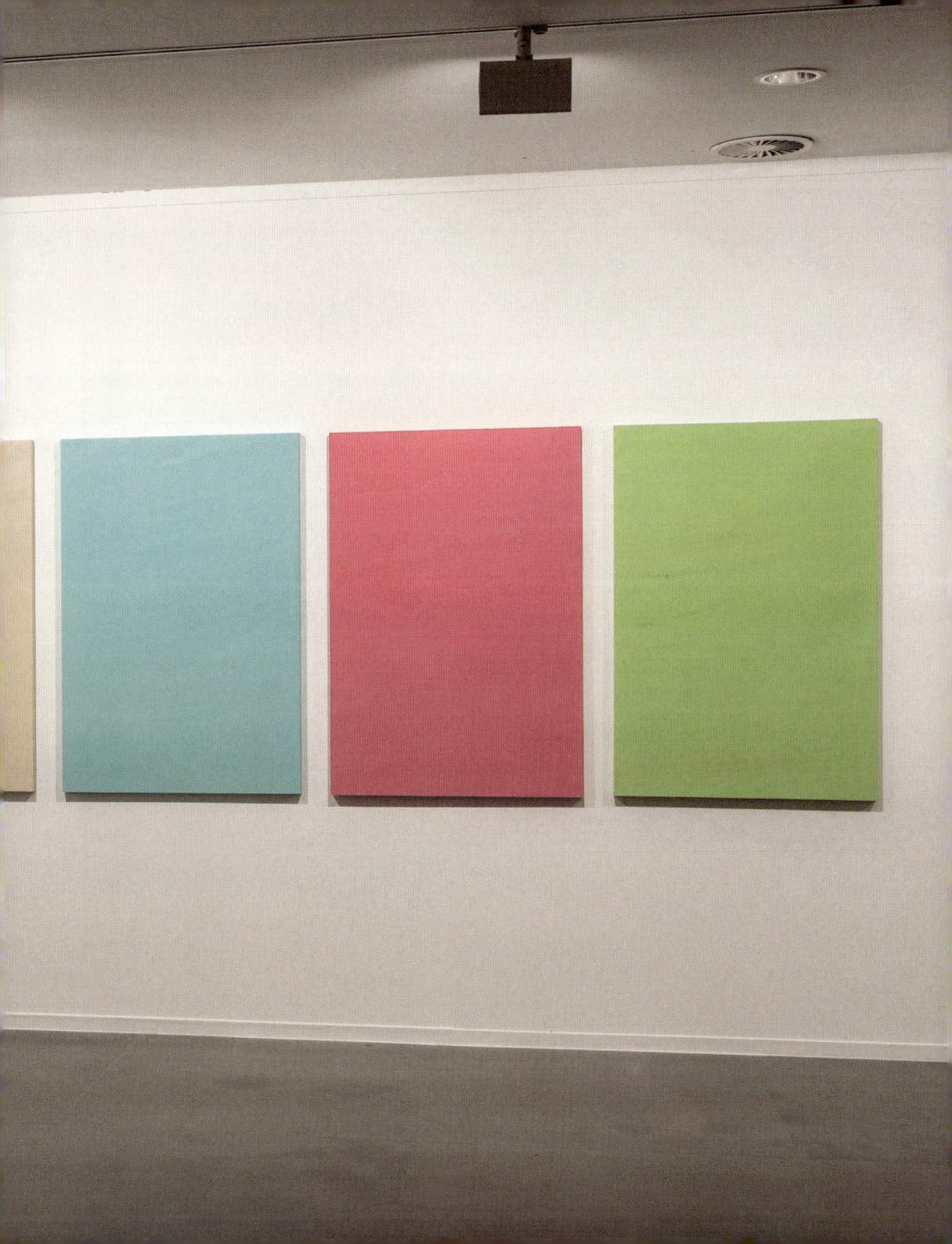

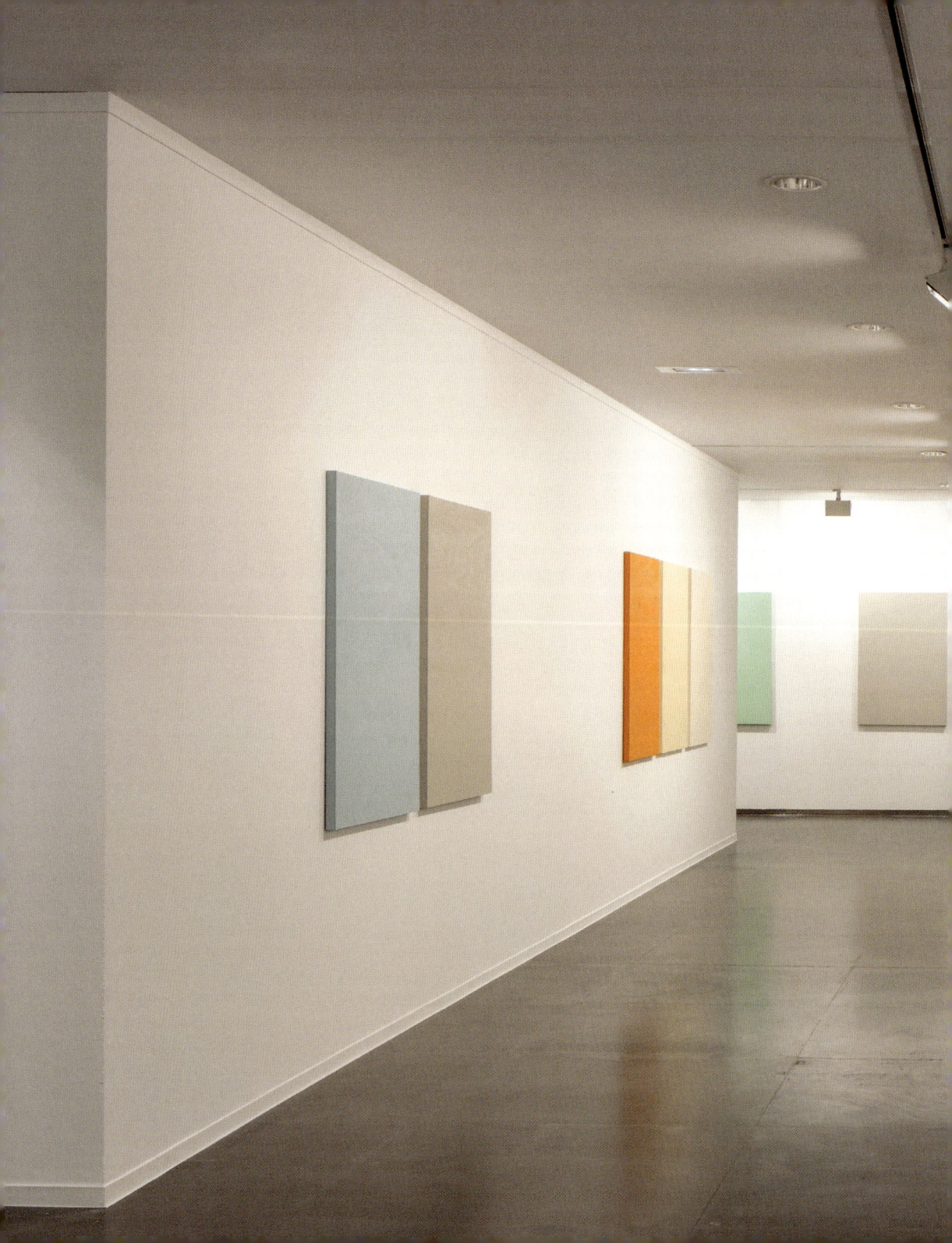

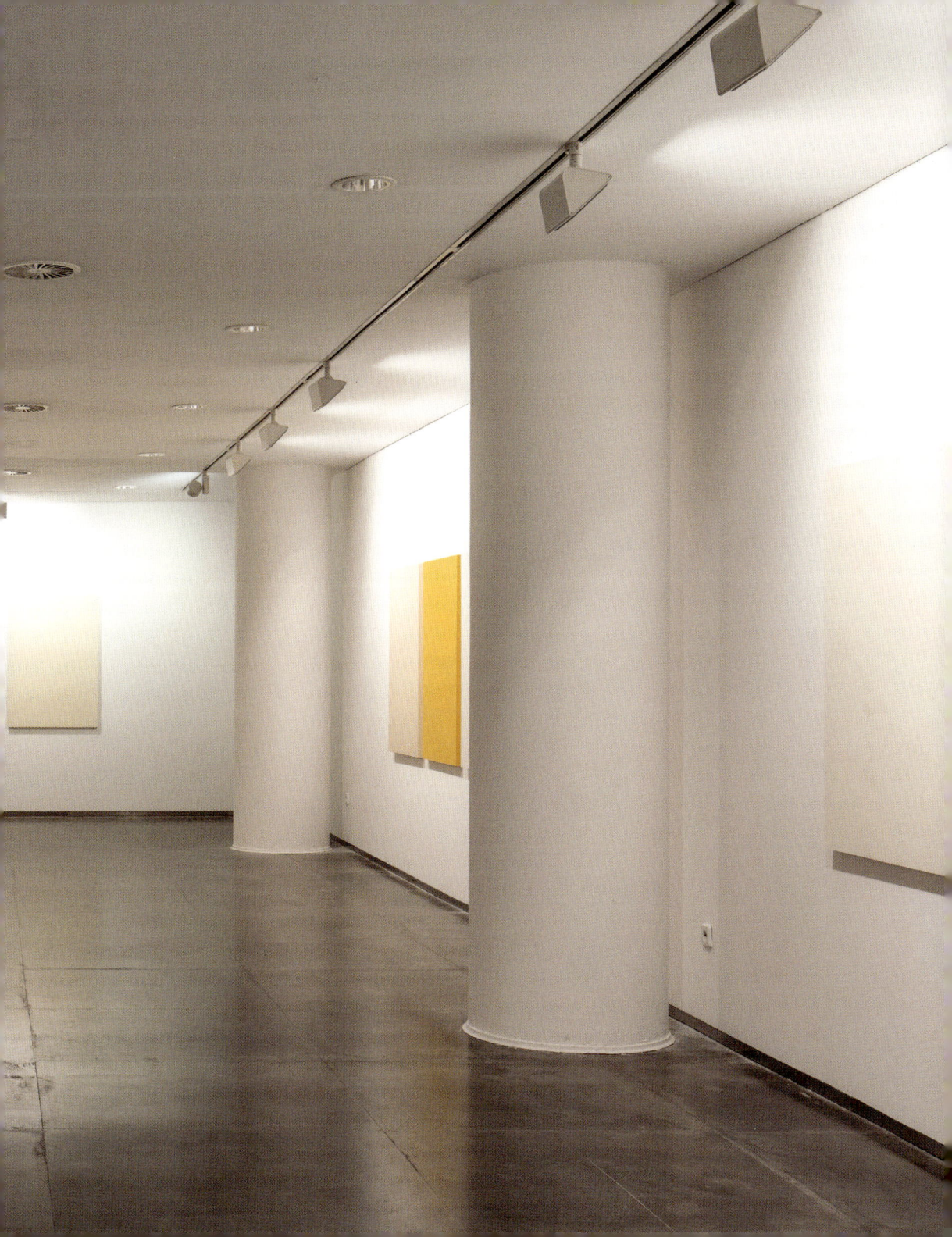

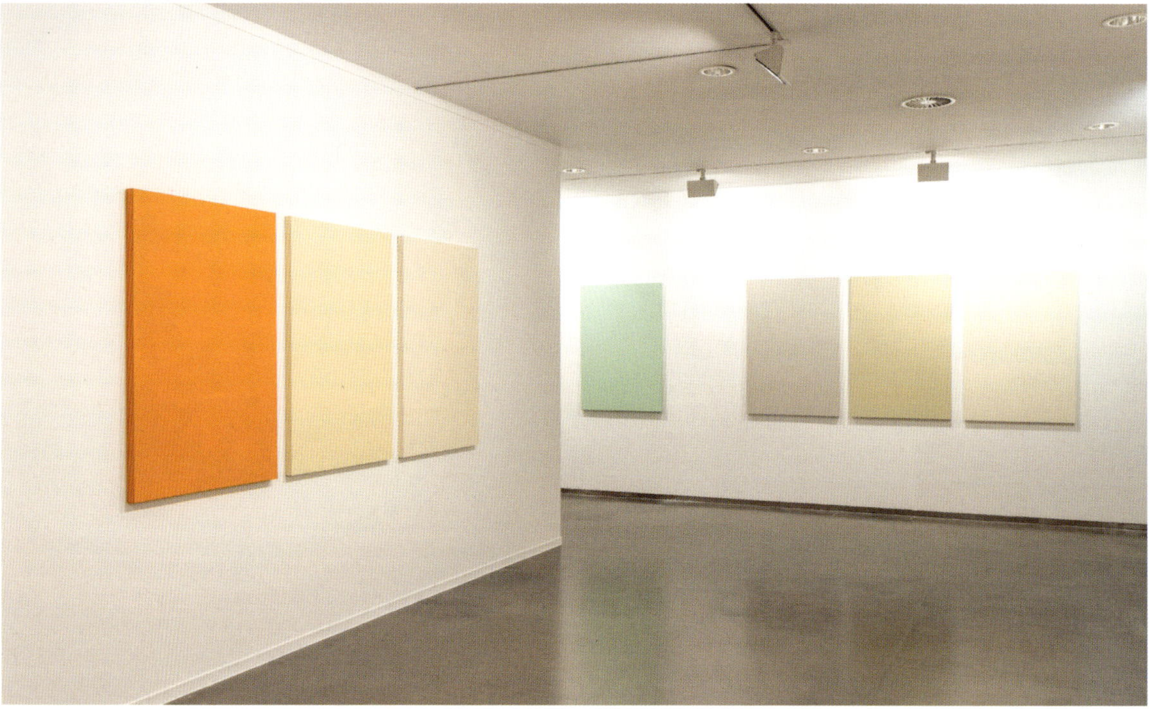

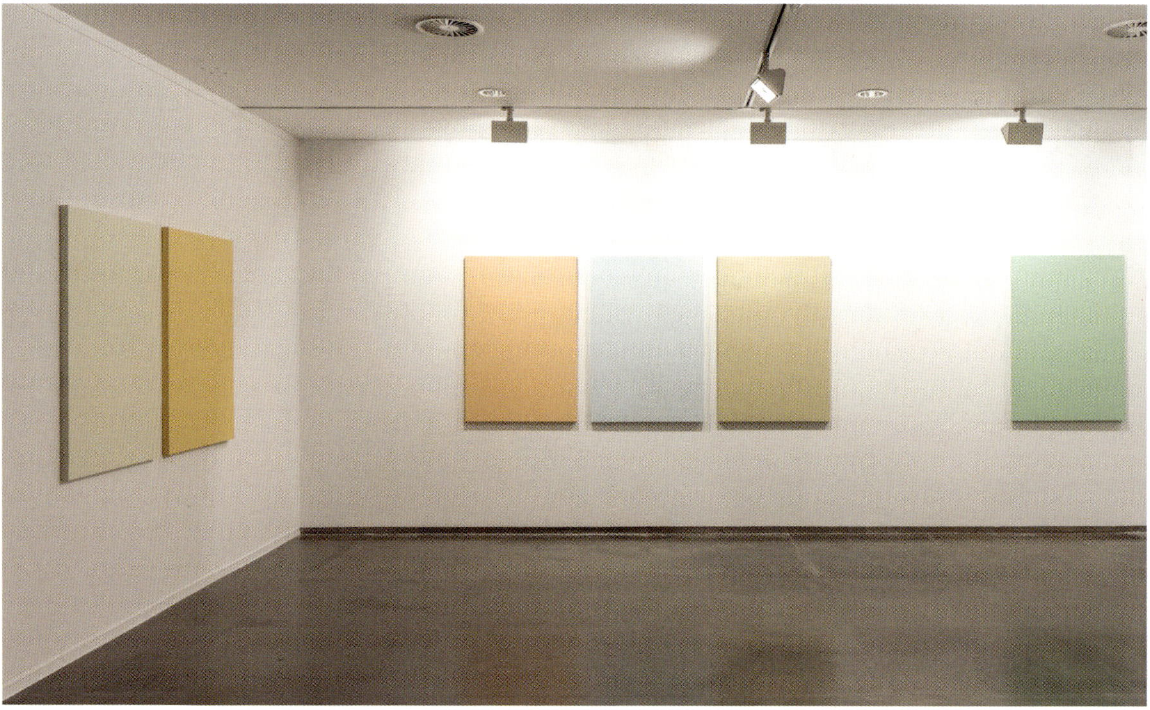

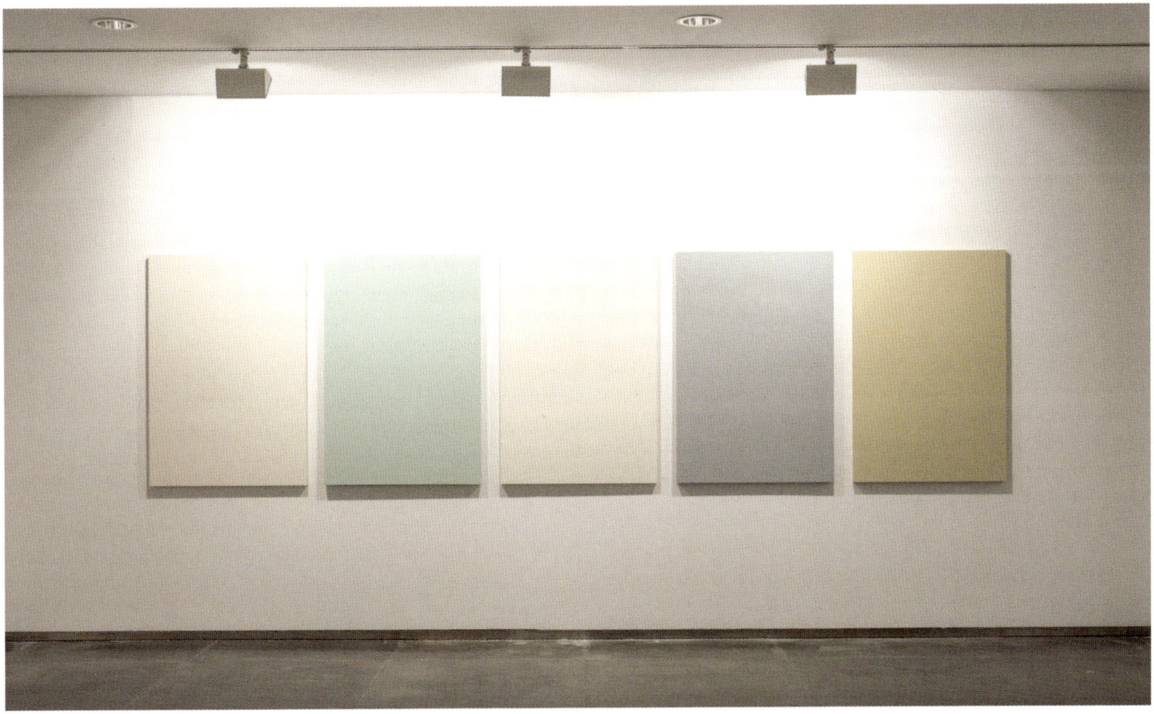

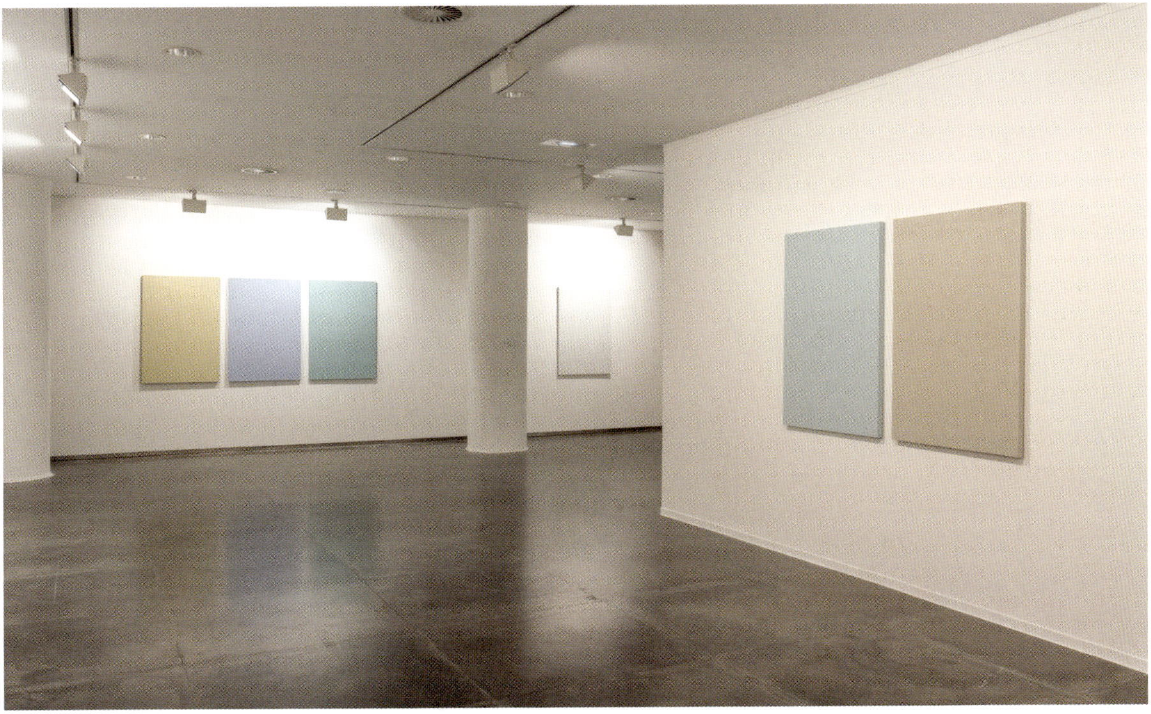

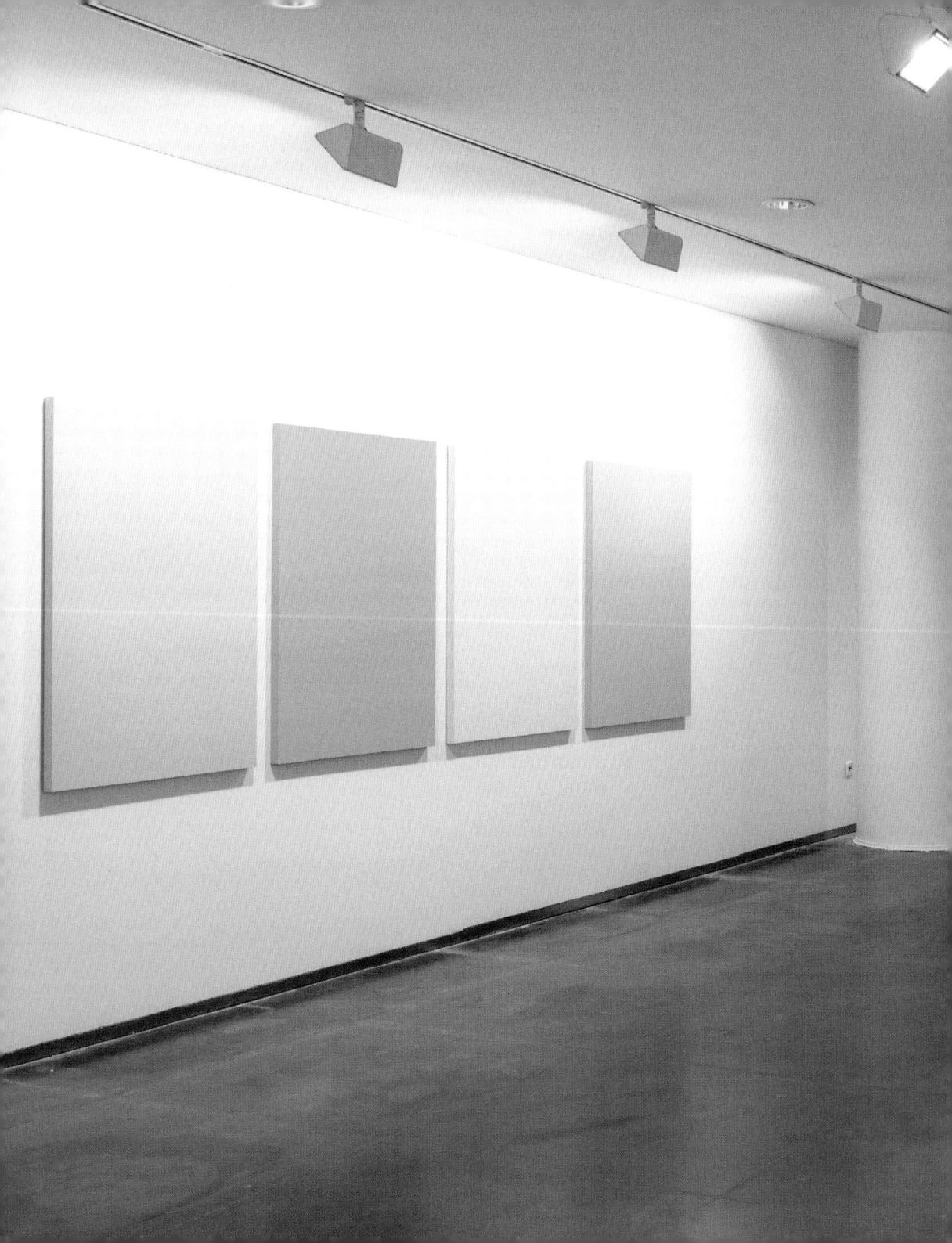

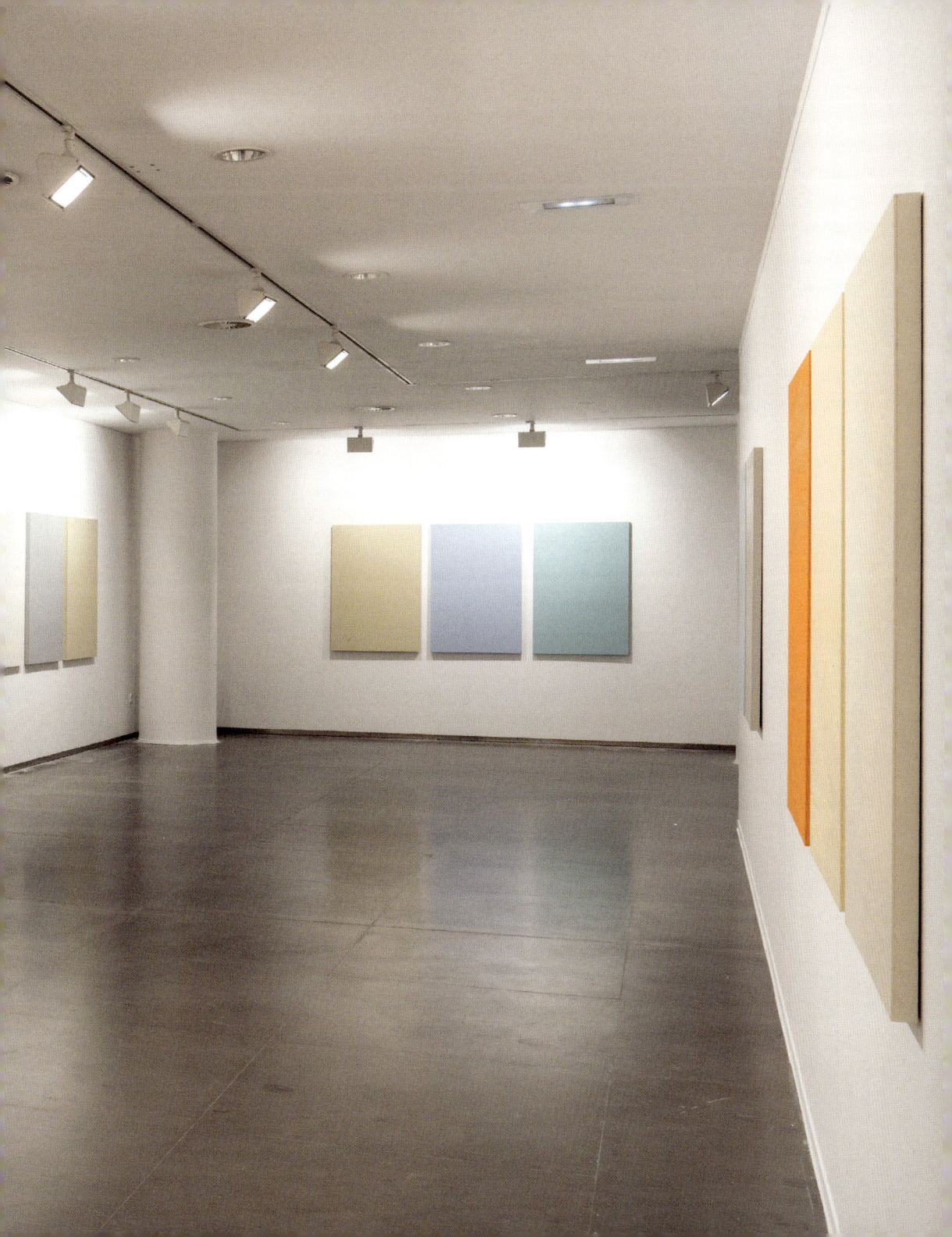

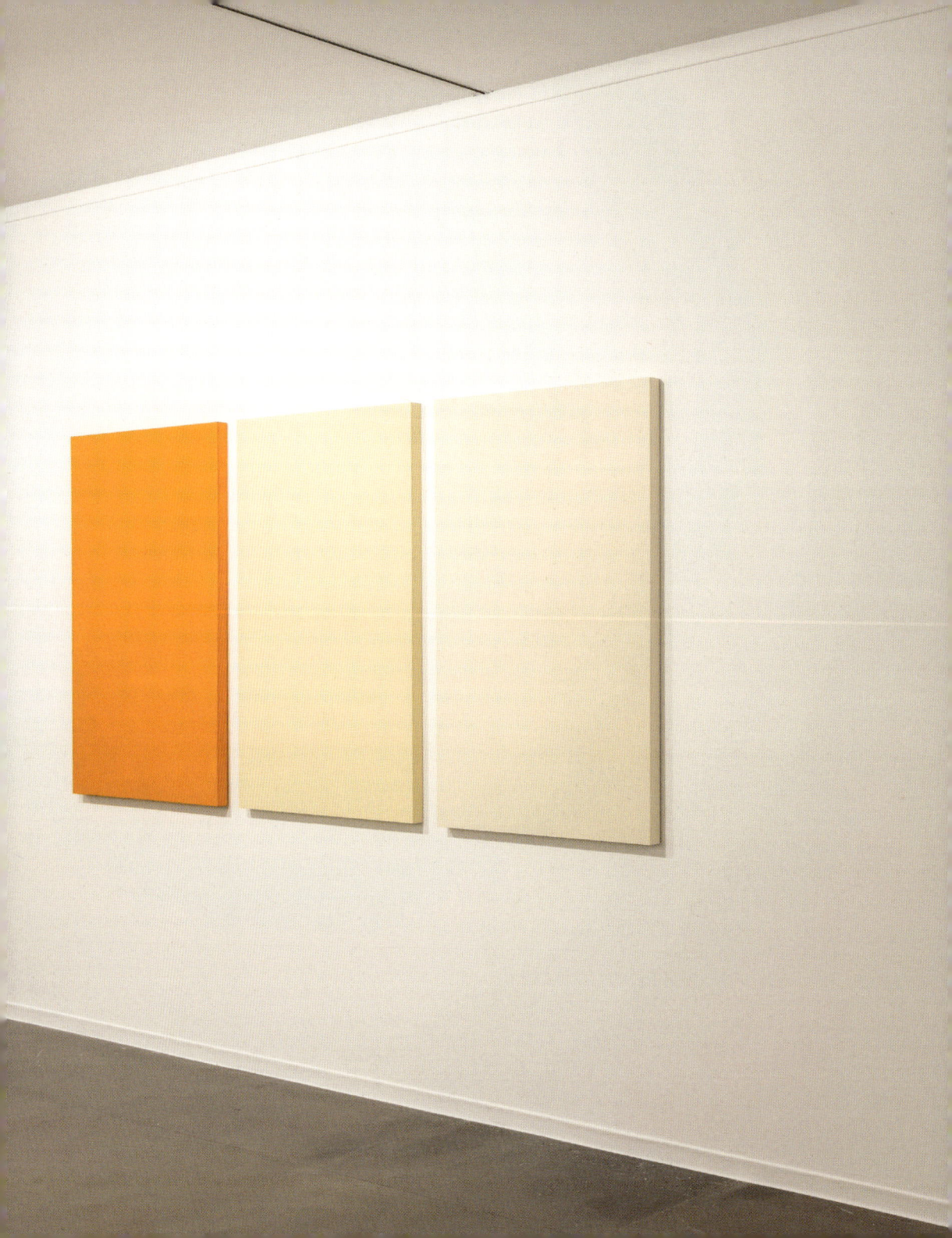

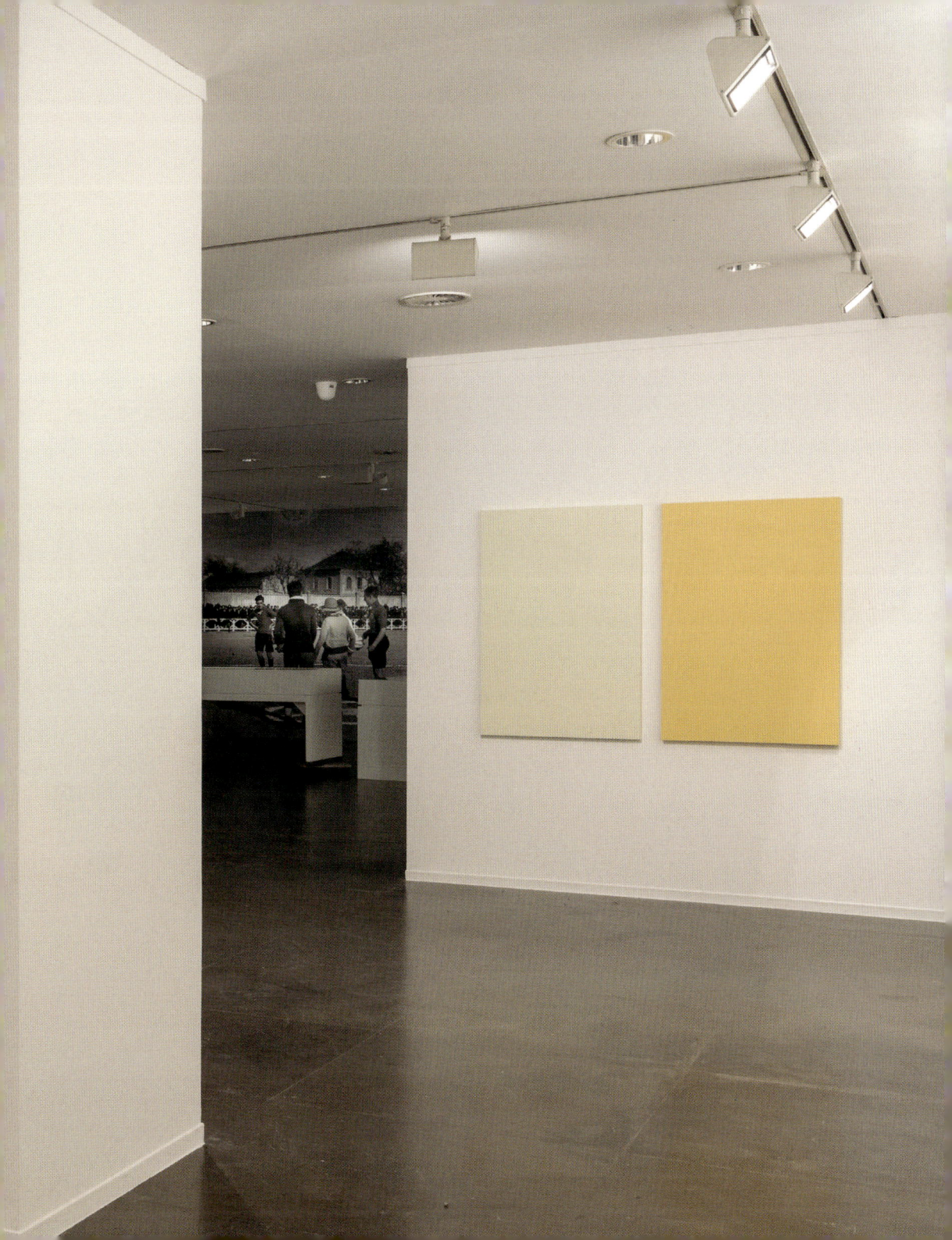

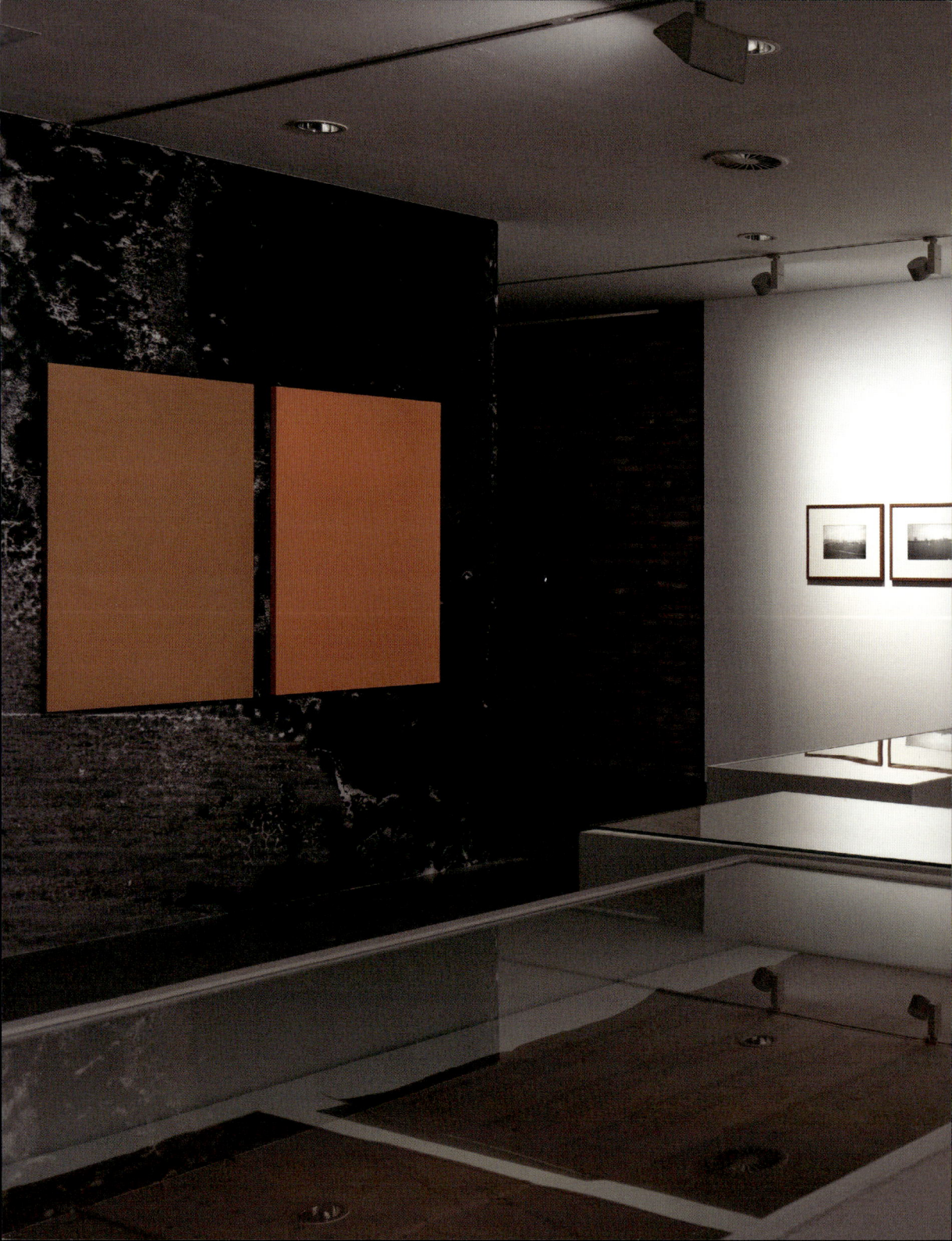

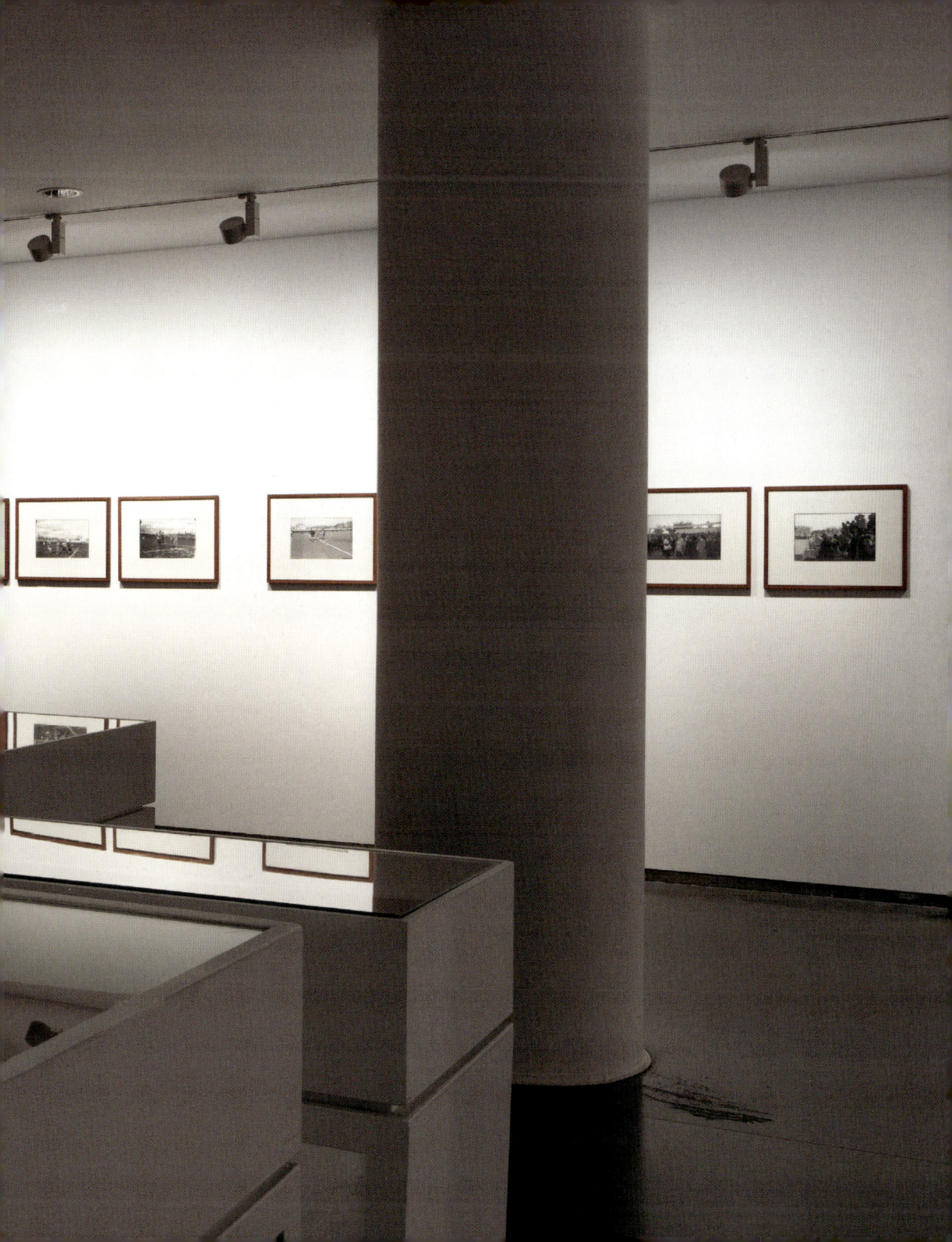

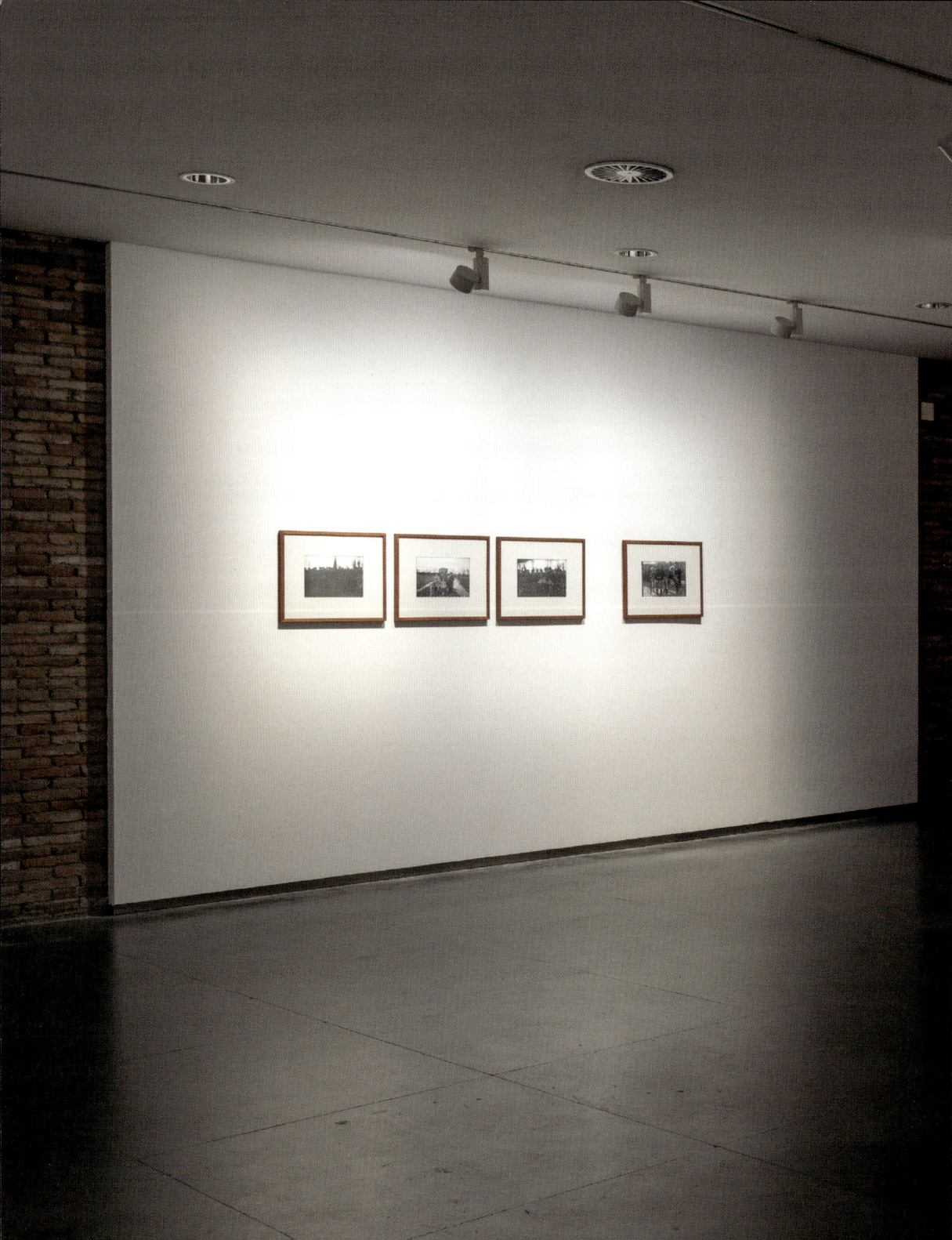

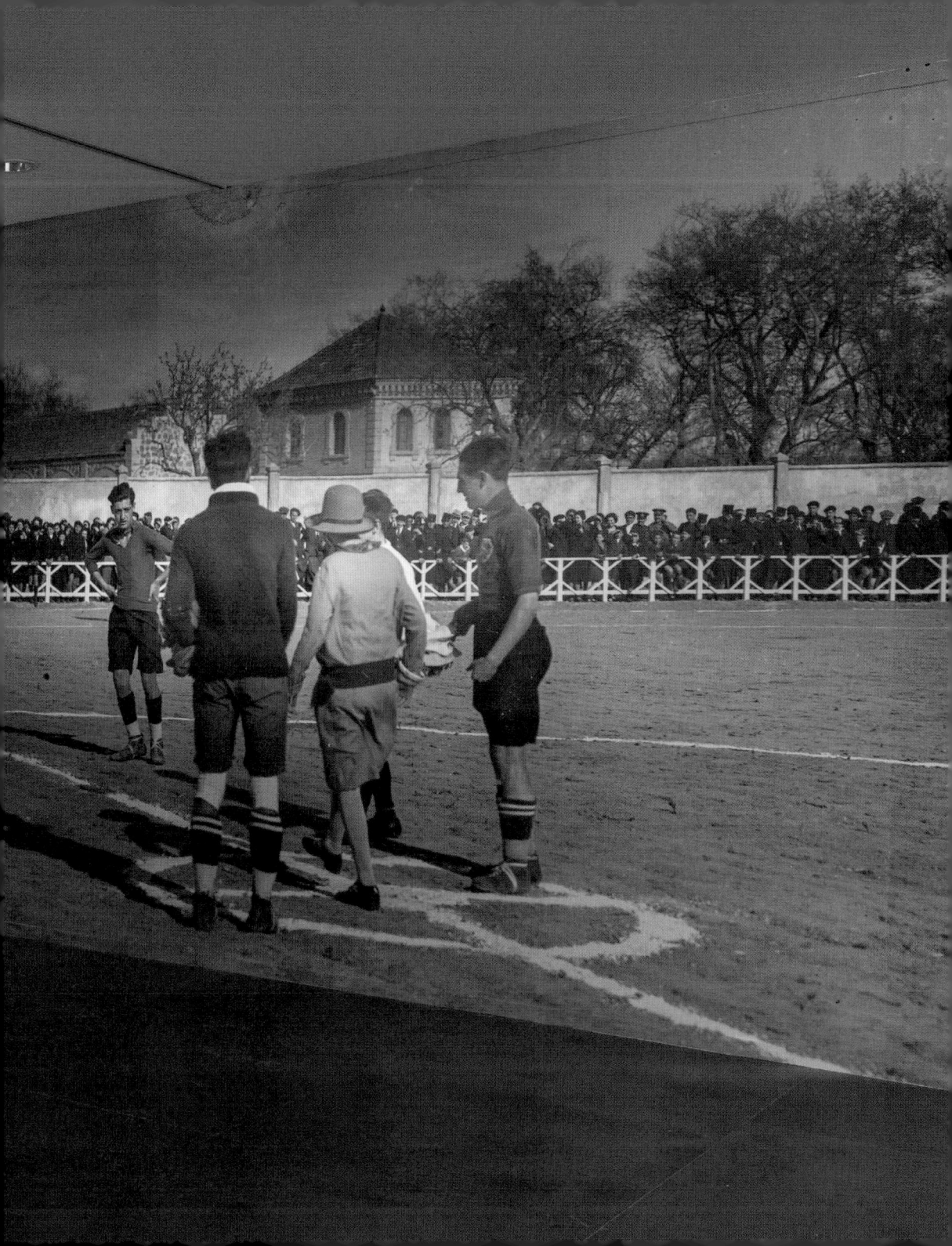

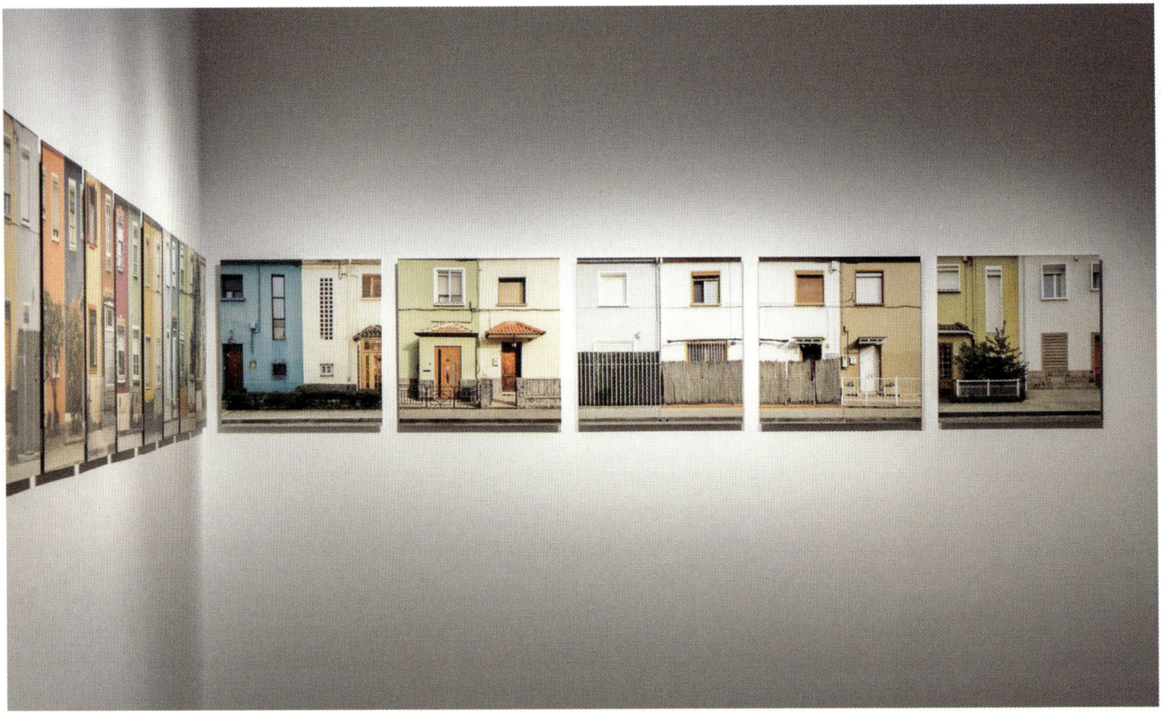

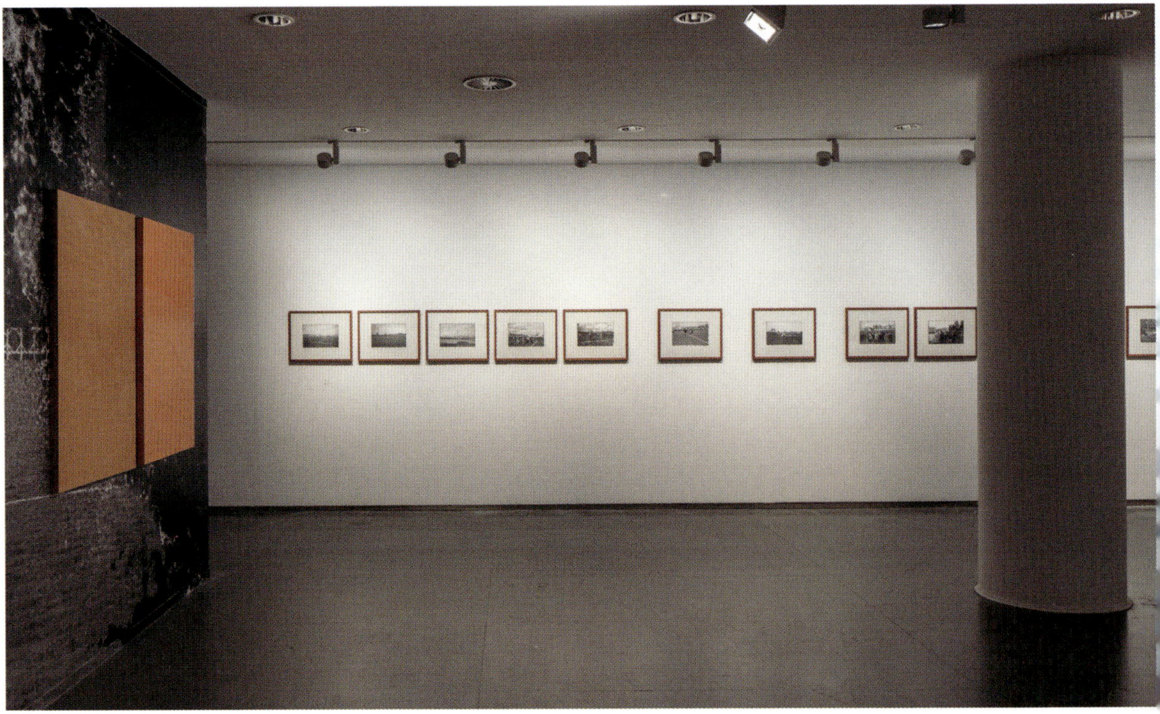

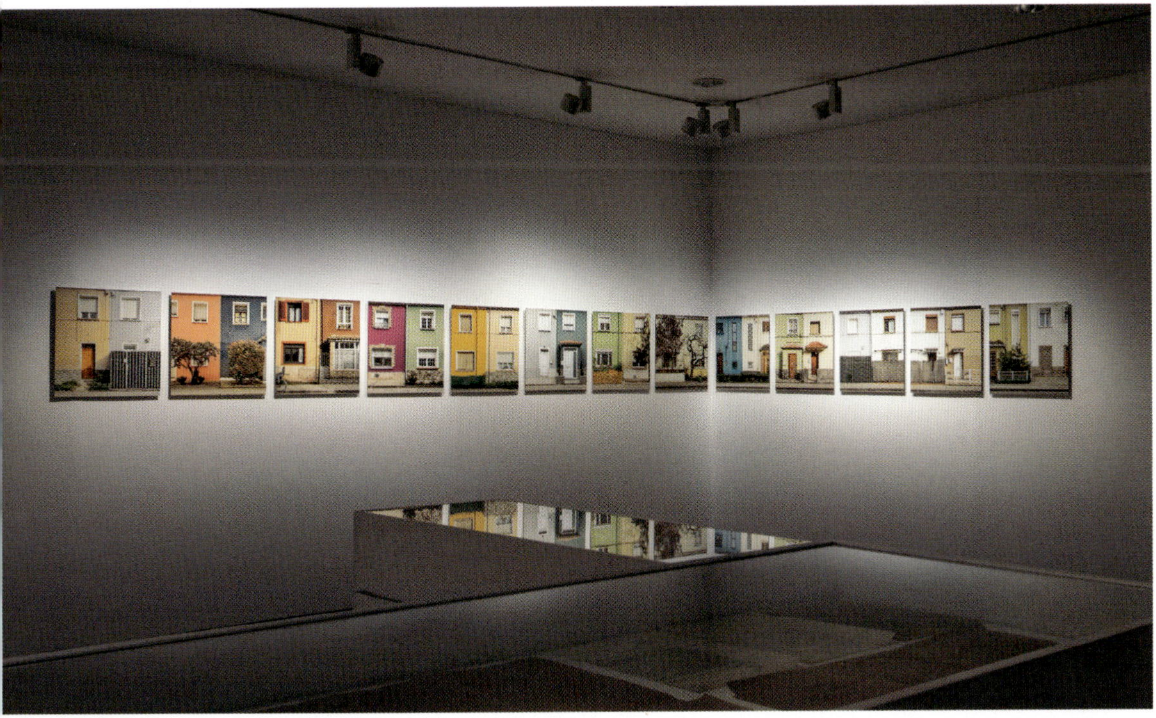

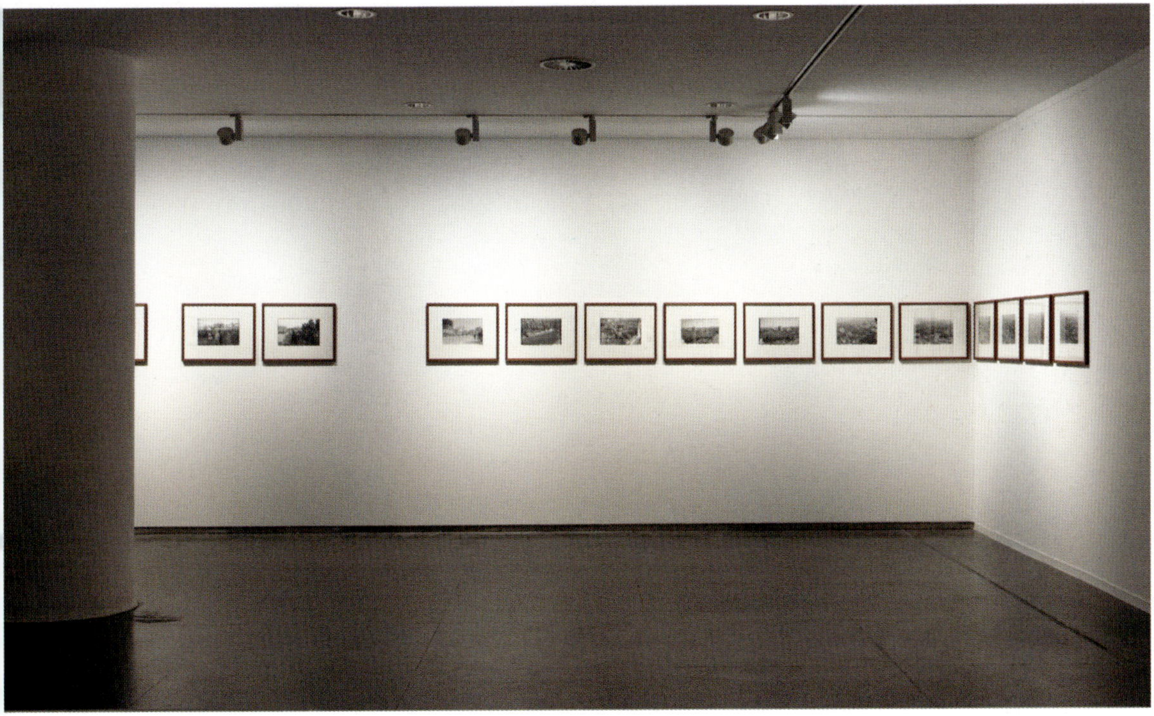

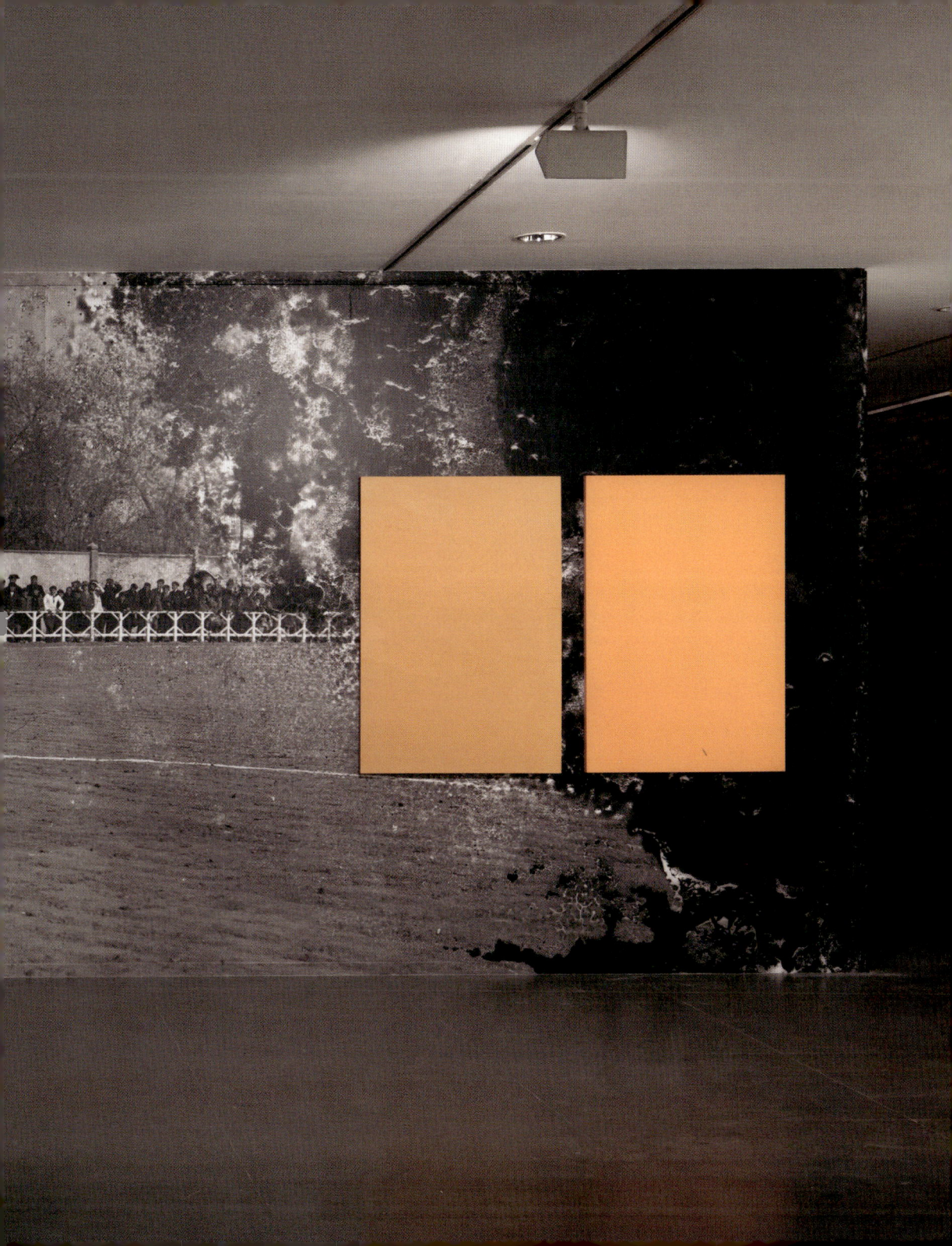

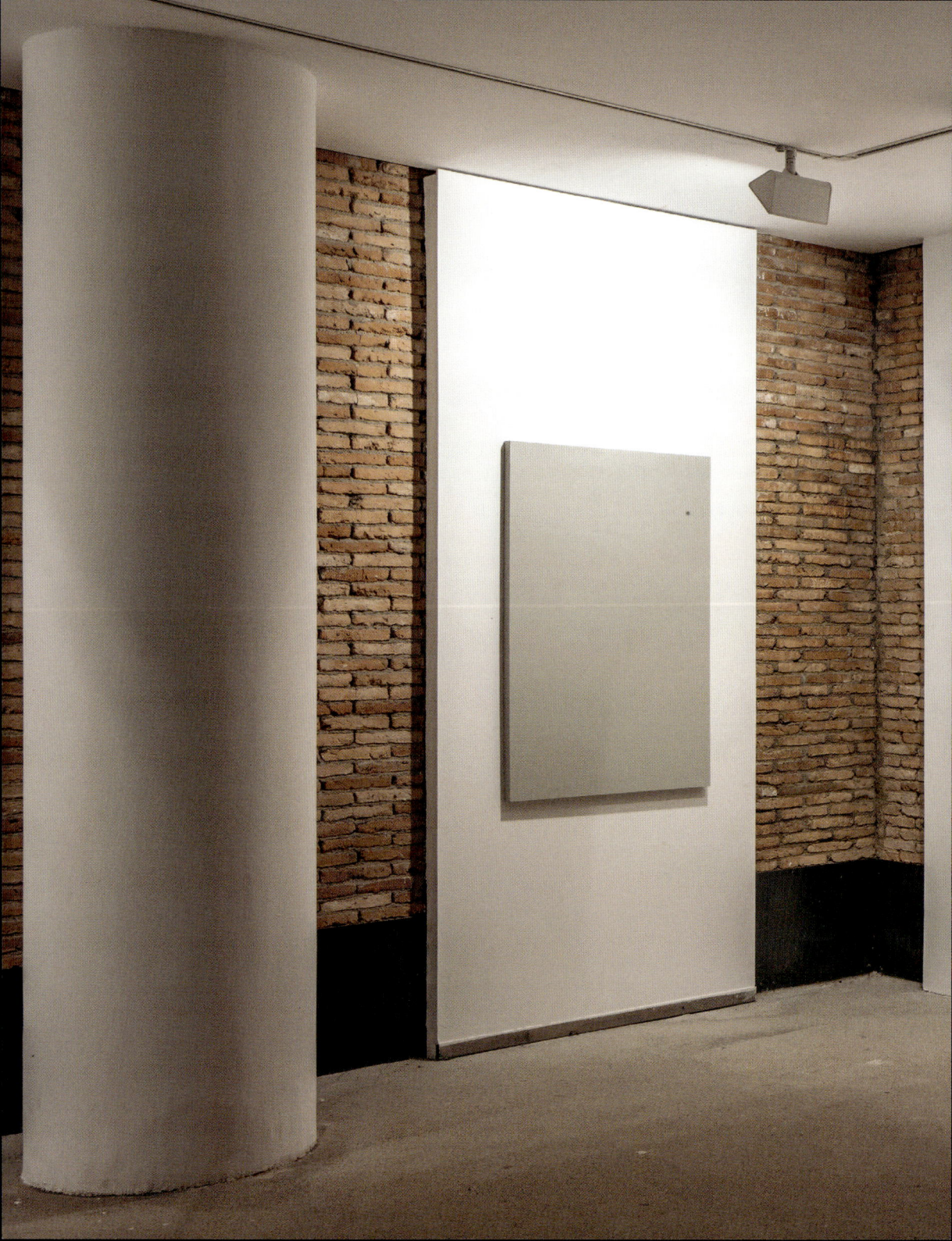

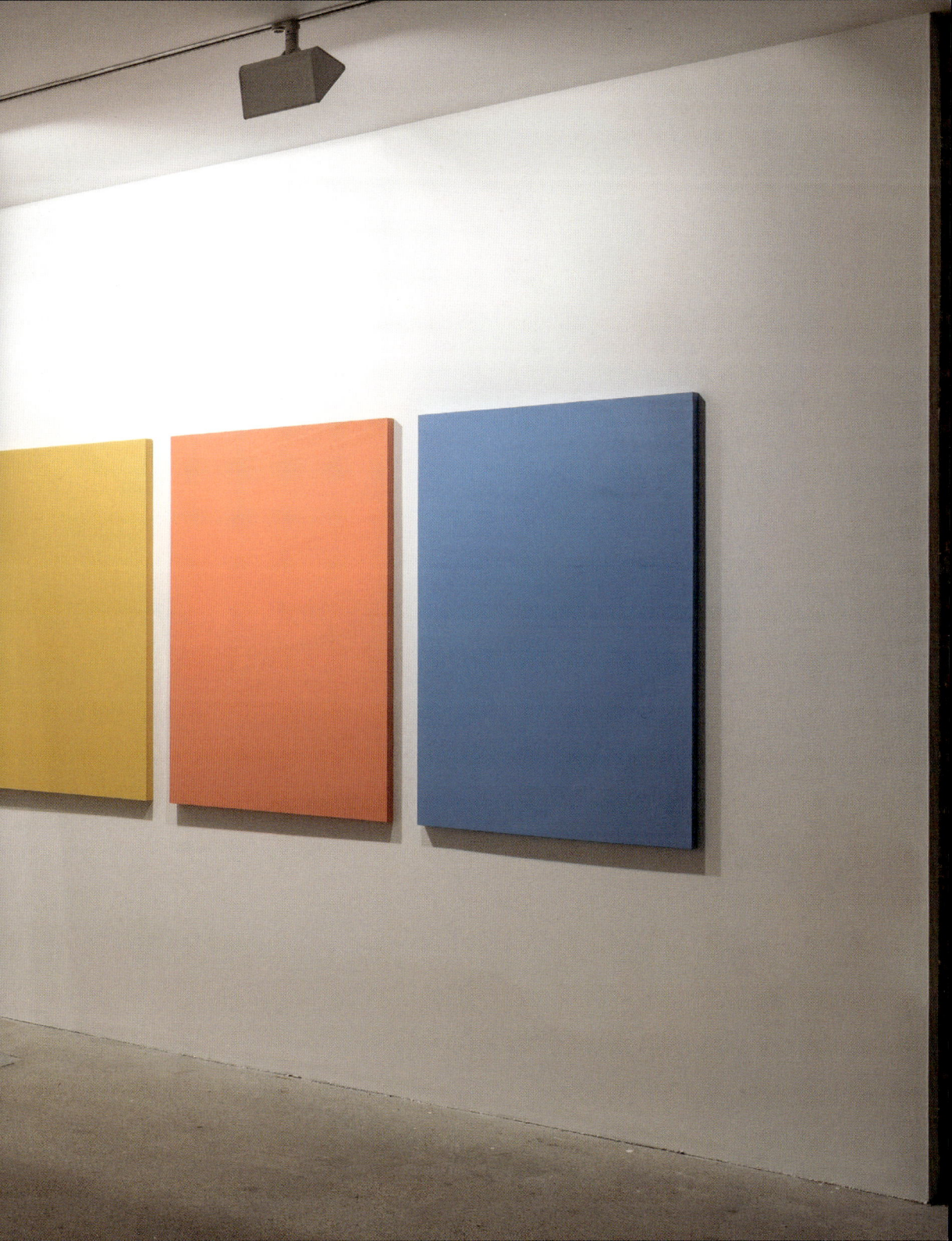

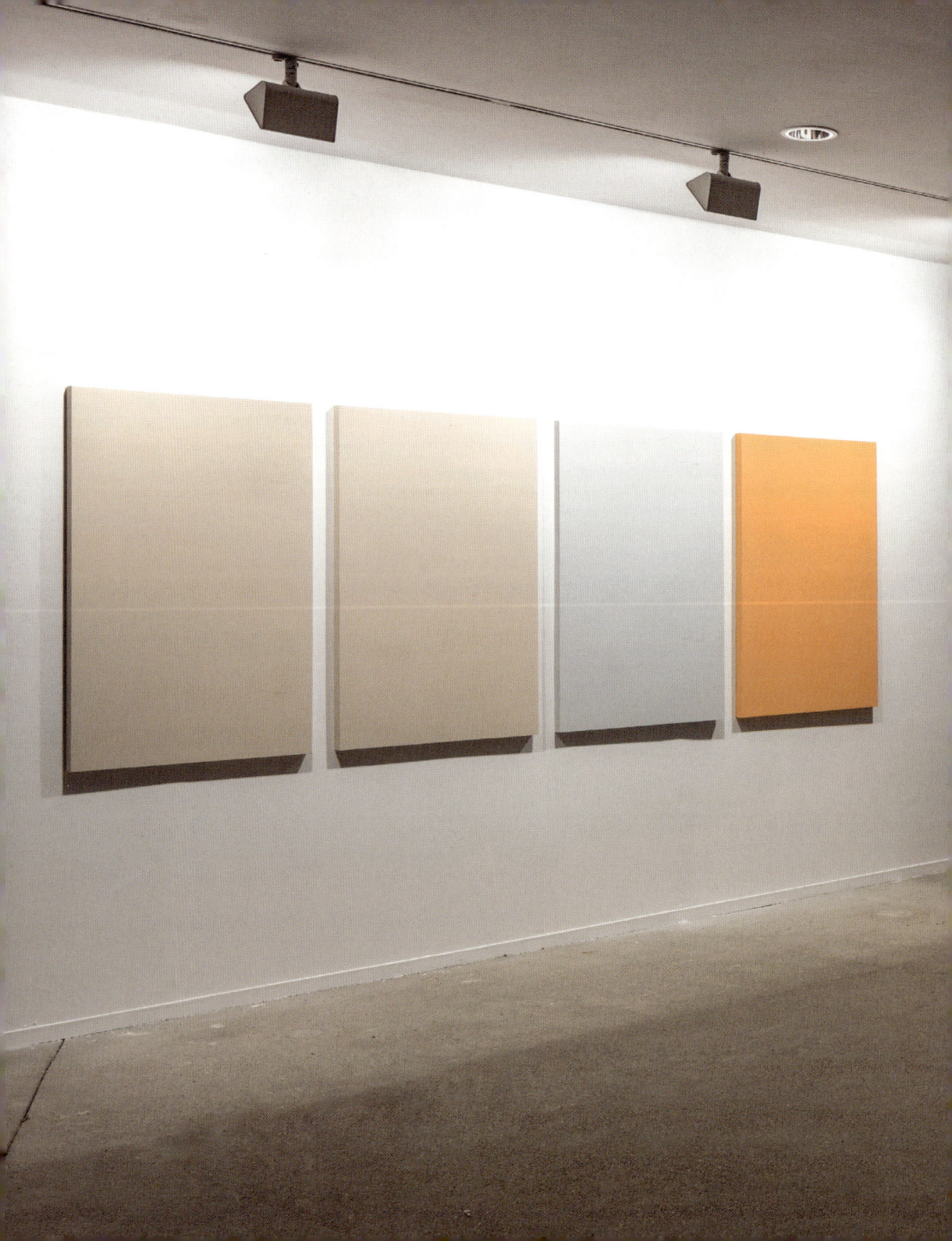

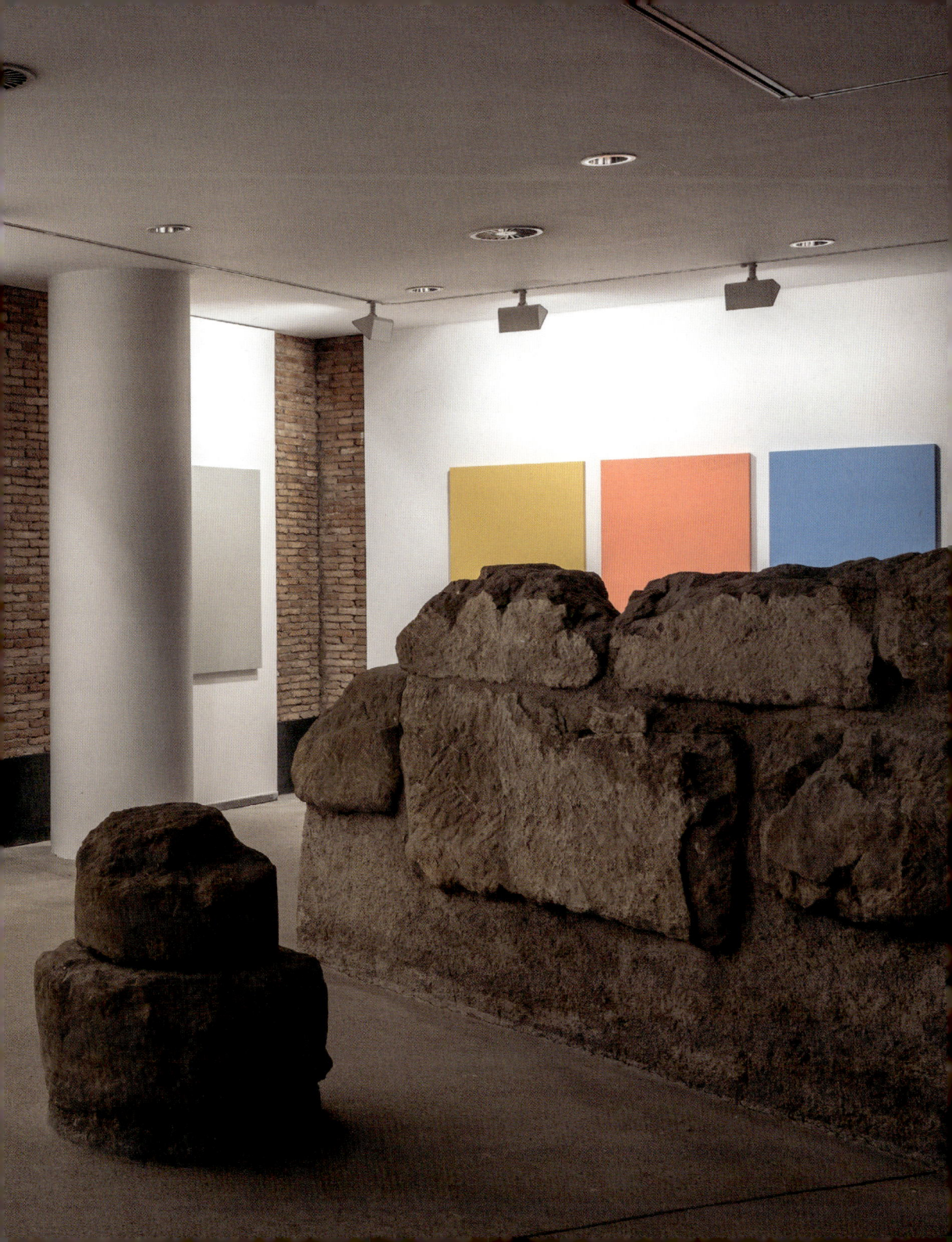

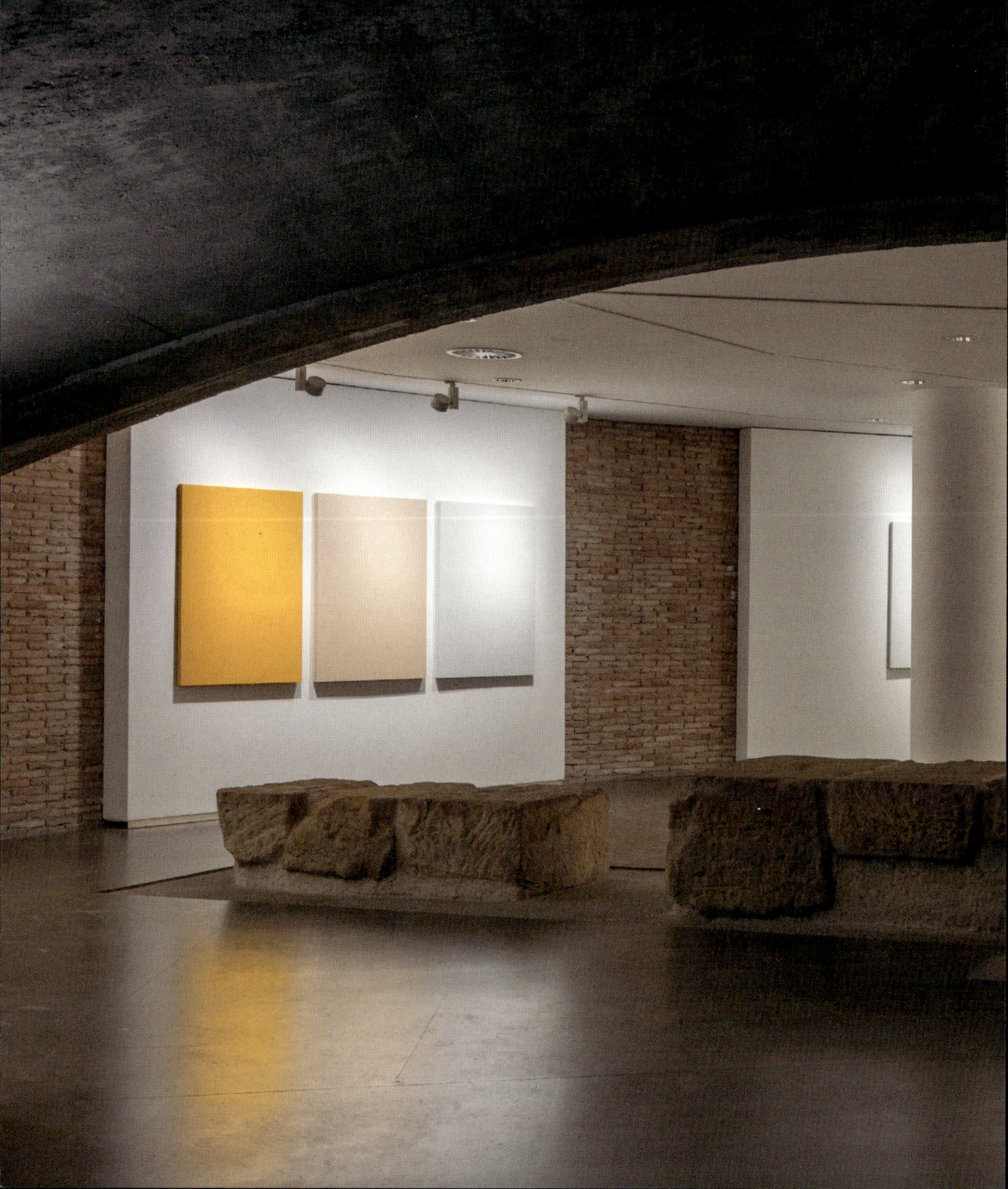

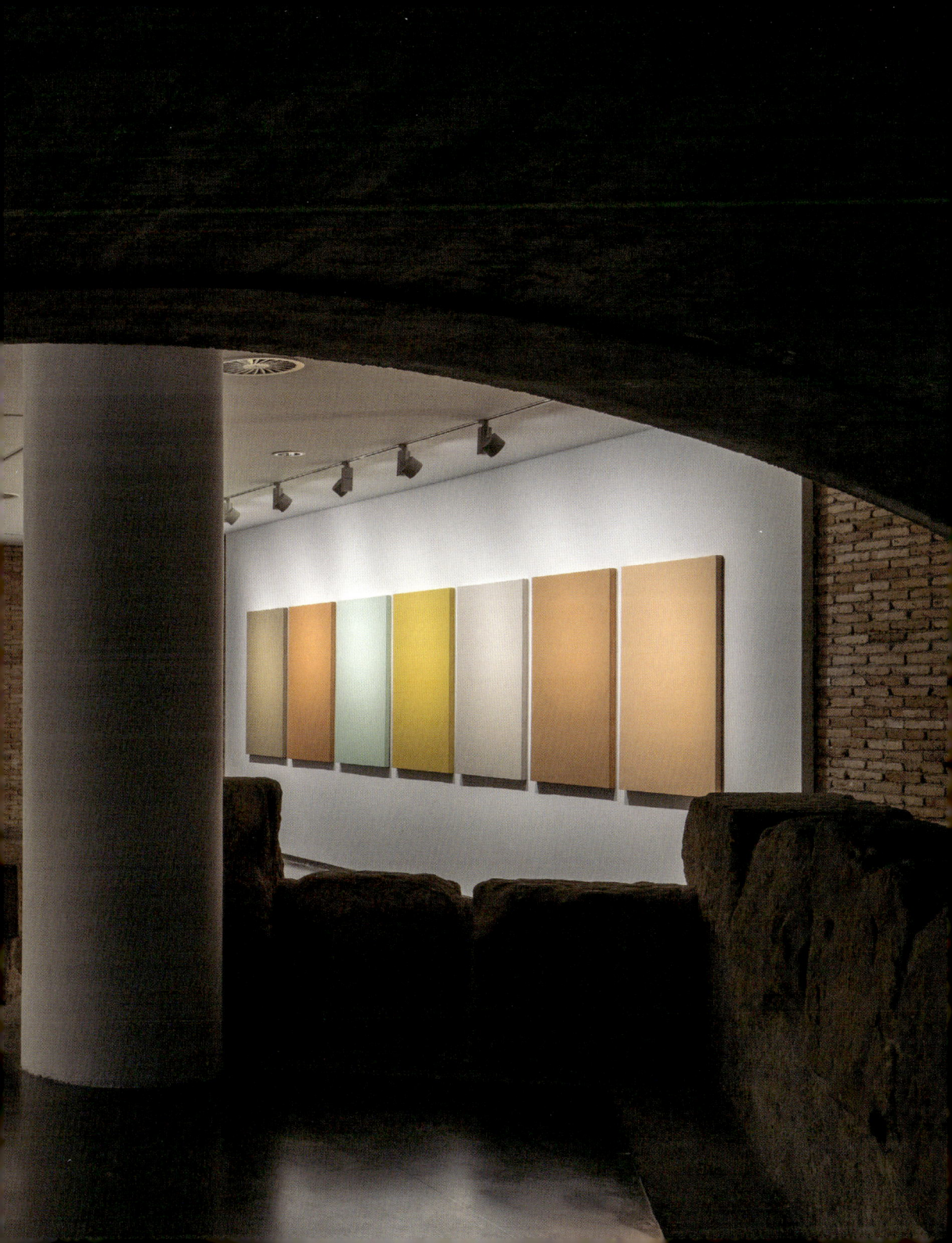

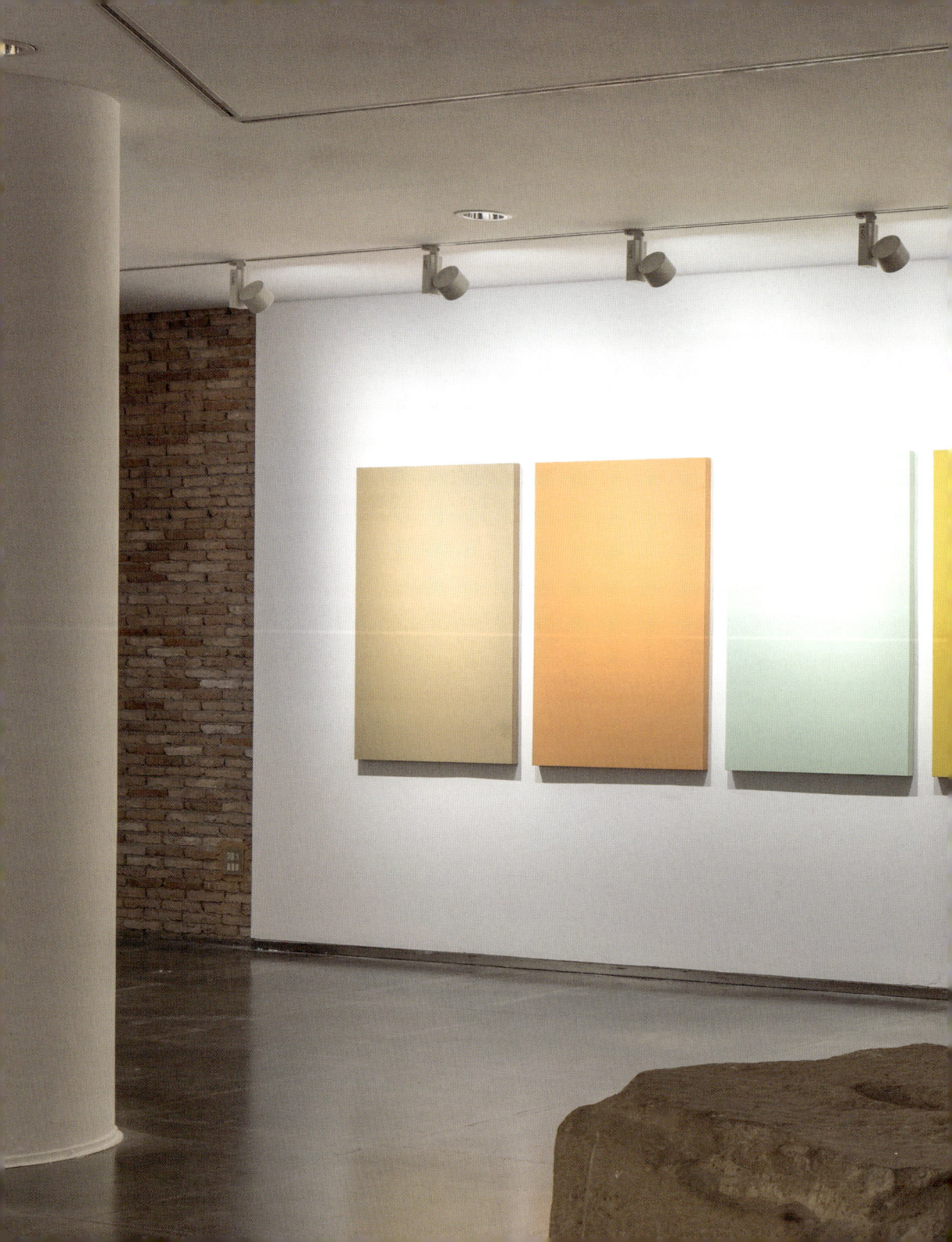

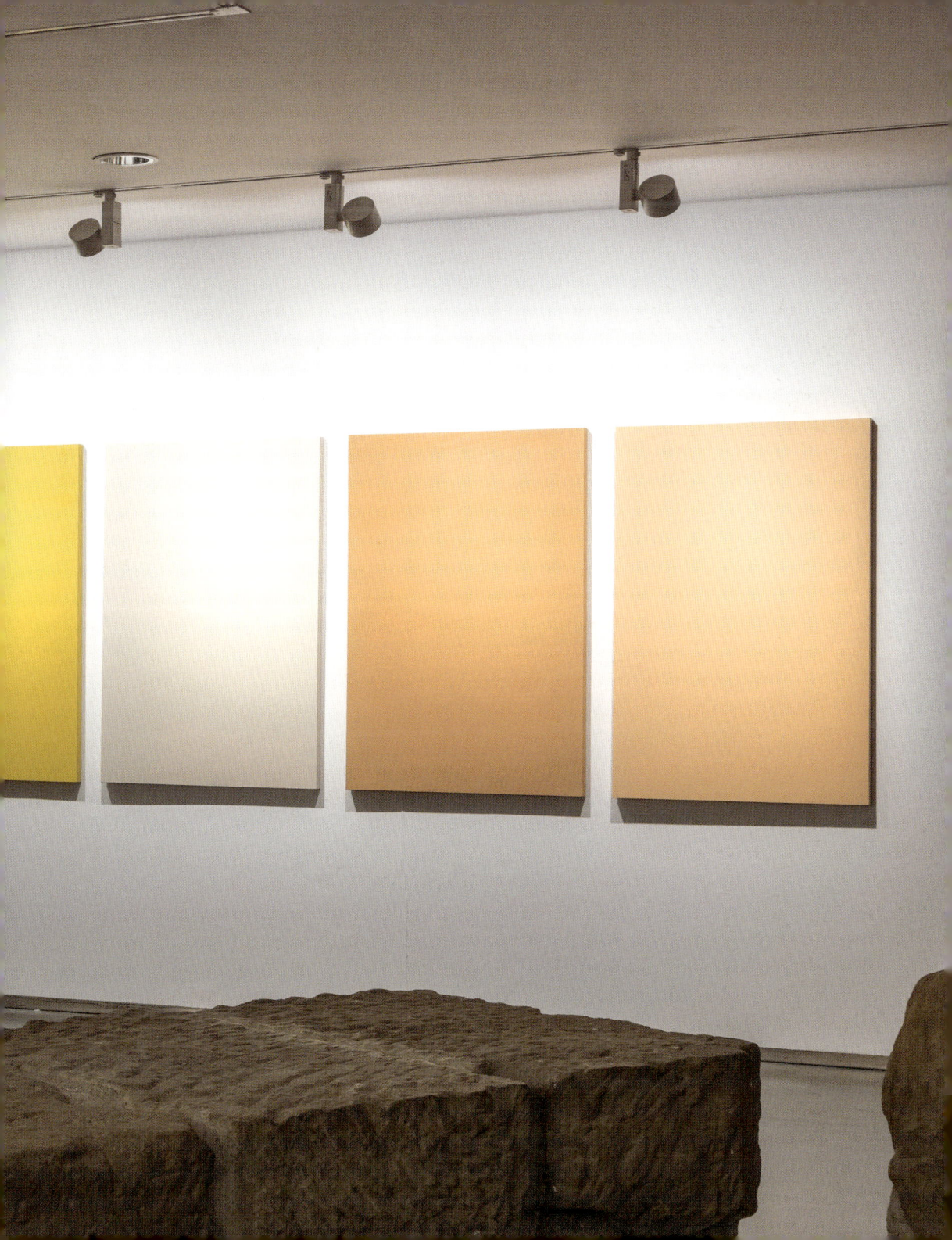

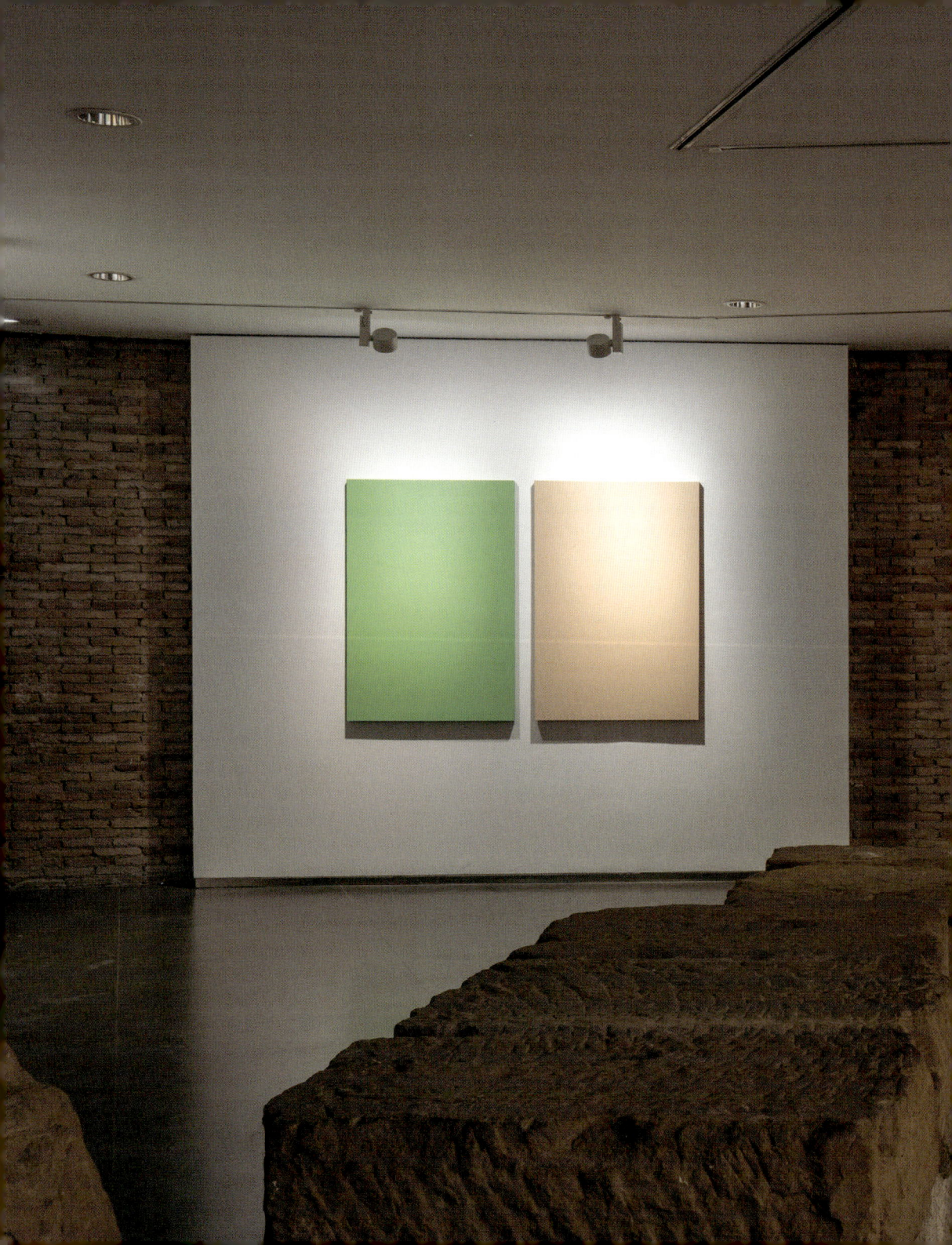

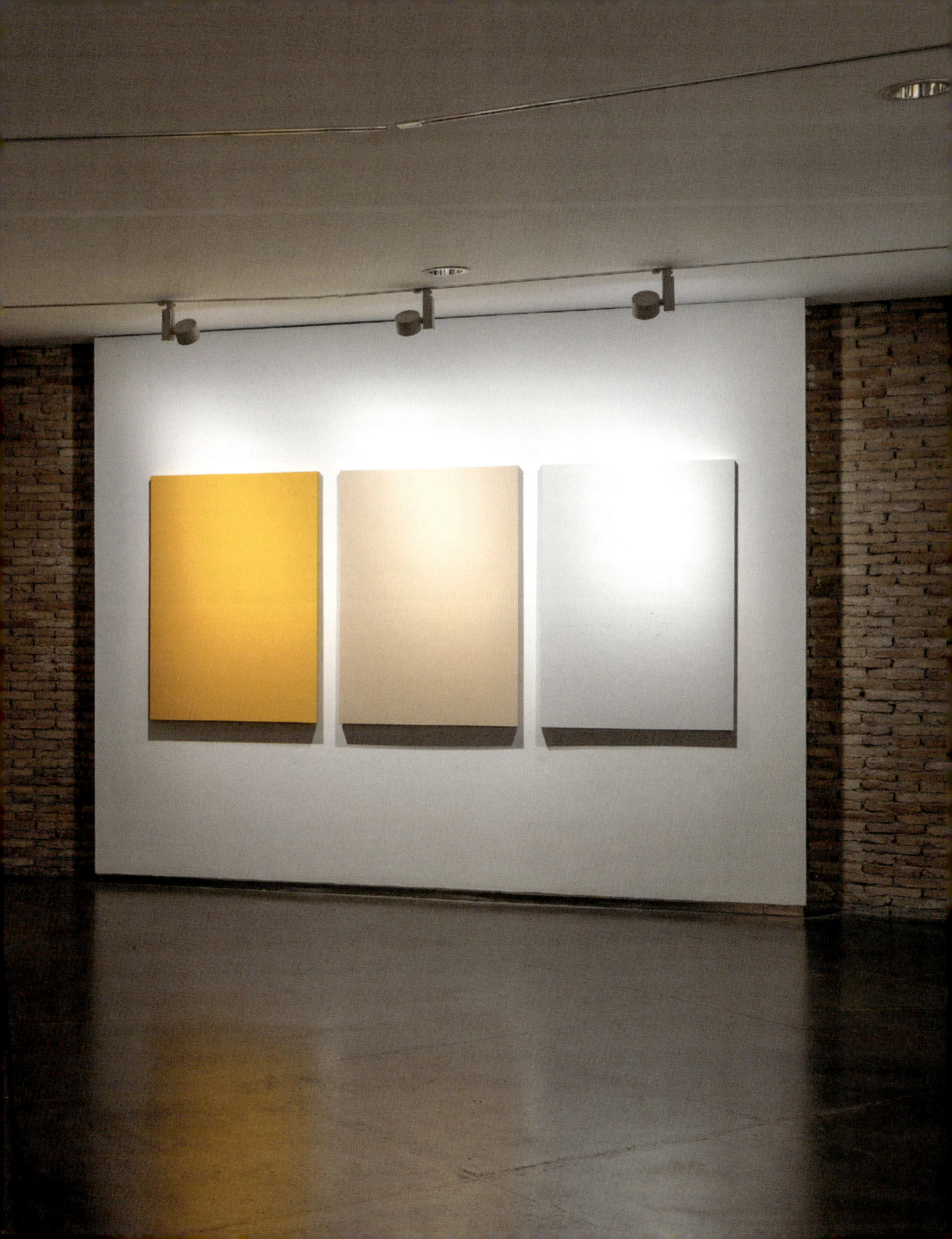

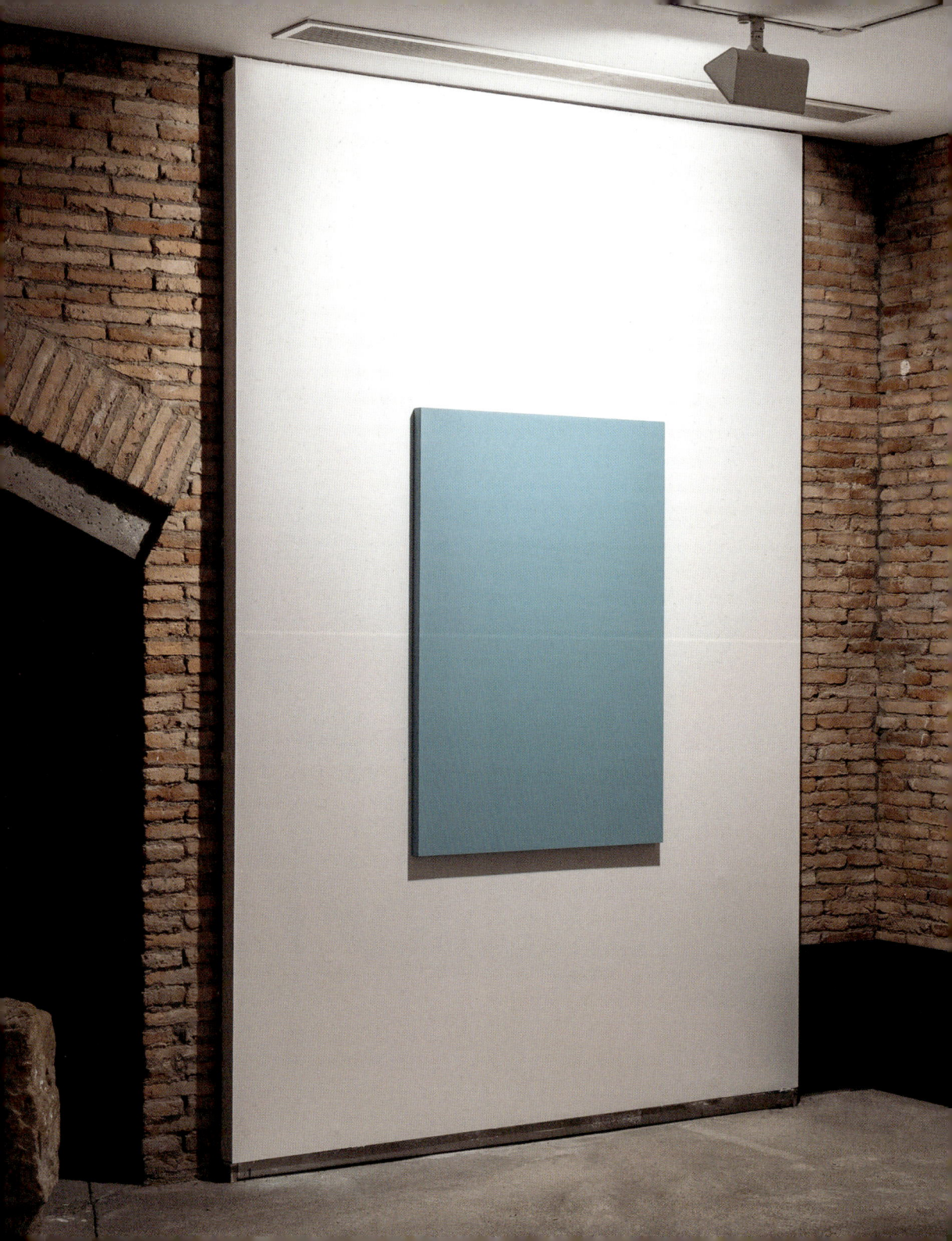

PINTAR
FACHADAS

Juan Pablo Ordúñez / MawatreS

1. Palestina, año 33. *Romani ite domum*

En la escena, John Cleese asume el papel de un centurión, mientras que Graham Chapman interpreta a Brian, un aspirante a unirse al grupo revolucionario conocido como el *Frente Popular de Judea*. Para demostrar su valía como miembro, Brian debe pintar un lema antirromano en la pared del palacio del gobernador Poncio Pilato en Jerusalén. Justo después de completar la tarea, el centurión lo descubre. Aunque Brian teme por su vida, Cleese encarna al centurión como un profesor de latín irascible. En lugar de ejecutarlo, corrige la gramática de Brian.[1] «¿Qué estás escribiendo allí?», pregunta Cleese. «*Romanes eunt domus*, ¿gente llamada romanos ir a casa?», agrega. Brian se ve obligado a recordar la correcta declinación latina para cada palabra, como si fuera un estudiante castigado. «Ahora», dice Cleese cuando finalmente logran la forma correcta *Romani ite domum*, «escríbelo 100 veces... Si no está escrito al amanecer, te corto los cojones». El resultado del trabajo de Brian, ejecutado de noche, bajo presión de tener consecuencias y con un gran sentido estético, genera una de las fachadas pintadas más épicas de la historia del cine. Una composición que más tiene que ver con el resultado de una pared *Hall of Fame* del mundo del grafiti, que con una hoja de castigo gramatical. Brocha, presión por parte del cuerpo de seguridad y una misión: terminar de escribir antes de que amanezca.

1. https://es.wikipedia.org/wiki/Romani_ite_domum

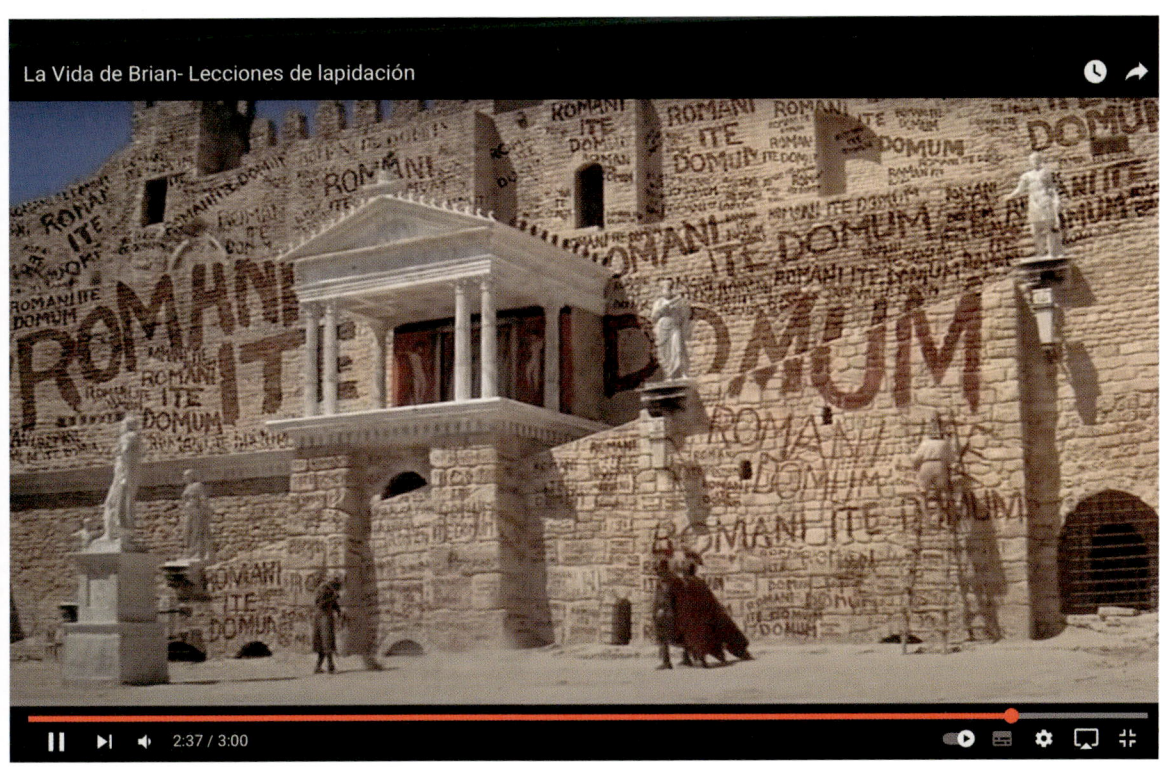

La Vida de Brian- Lecciones de lapidación

2:37 / 3:00

2. Granada, junio de 2006

CASTIGO 'UTIL' EN GRANADA

Un juez castiga a un menor a limpiar la fachada de los juzgados

Había hecho distintas pintadas en un camión con varios amigos.

07·06·06 | 00:00

Un joven de 17 años ha sido condenado a limpiar durante setenta horas la fachada de la sede de los Juzgados de Menores de Granada por hacer pintadas en un camión, según el fallo dictado ayer por el Juzgado de Instrucción de Menores 1 de la capital.

En la sentencia, el magistrado Emilio Calatayud, conocido por sus educativas sentencias, ordena que el joven asista durante setenta horas junto con una empresa de limpieza a la sede de los Juzgados para que ayude en las labores de saneamiento de la fachada.

Calatayud explicó a *Efe* que el menor, "de clase media-alta", fue detenido hace unos seis meses cuando se encontraba junto a unos amigos pintando con grafiti un camión que estaba aparcado en una calle de la capital.

El juez utiliza este tipo de condenas con los chavales que comenten infracciones menores y, entre sus métodos preferidos, destaca obligarles a colaborar con organizaciones solidarias, como Cruz Roja. Así, por ejemplo, a aquellos que infringen las leyes de Tráfico les suele enviar a hospitales para que vean las consecuencias de los accidentes y colaboren con los sanitarios en distintas labores, como limpiar las ambulancias.

3. Nueva York, junio de 2020. Prada, Gucci y Balenciaga

Las grandes marcas de moda principalmente, pero también marcas tecnológicas, restaurantes y hoteles, suelen estar ubicados en edificios destacados. Por lo general, veremos estas tiendas en edificios con fachada de piedra en las principales calles y avenidas de cada ciudad. Edificios y locales que presentan estética clásica y resonancias a esplendor, robustez y fuerza, que se complementan con grandes escaparates trabajados y diseñados hasta el más mínimo detalle. Estas marcas potencian la esencia de la globalización, ya que son tiendas que recorren las capitales del mundo presentando prácticamente tiendas calcadas las unas de las otras, sin importar que estemos en París, Londres, Nueva York, Tokio, Shanghái, Múnich, Río de Janeiro o Abu Dabi. Dior es Dior, Balenciaga es Balenciaga y Prada es Prada. Existe un momento en el que todos estos escaparates se funden en uno solo. Todas estas fachadas de piedra robusta, ocupadas por las marcas (y por ende, las economías) más prestigiosas y potentes del mundo se funden en una sola cosa. Son los momentos de marcado enfado y crispación social. En estas ocasiones de alta tensión, manifestaciones y disturbios, todos estos escaparates se cubren con paneles de madera, generando una suerte de imagen de tiendas y edificios similares a las construcciones abandonadas o de suburbios que cubren su ausencia de ventanas con maderas. Manzanas enteras de las principales ciudades del globo, que no muestran más que columnas y estructuras de piedra sin dejar ver ni un ápice de esos escaparates, esas luces y esas tendencias que dominan el mundo. Madera básica, pura, tableros que cubren cristales de aparadores, letreros, puertas y ventanas generando una suerte de composición de Mondrian pasada por el filtro de Thomas Hirschhorn. Manifestaciones que suelen ser traducidas por portavoces y medios de comunicación como encuentros donde «unos pocos violentos» generan destrozos y actos vandálicos. «Unos pocos violentos» que tienen la capacidad de modificar el paisaje, la arquitectura y las fachadas de las principales economías del mundo para reconvertirlas, eso sí, temporalmente, en una suerte de viviendas sociales en la Quinta Avenida de Nueva York, en el centro de Londres o en los Campos Elíseos de París.

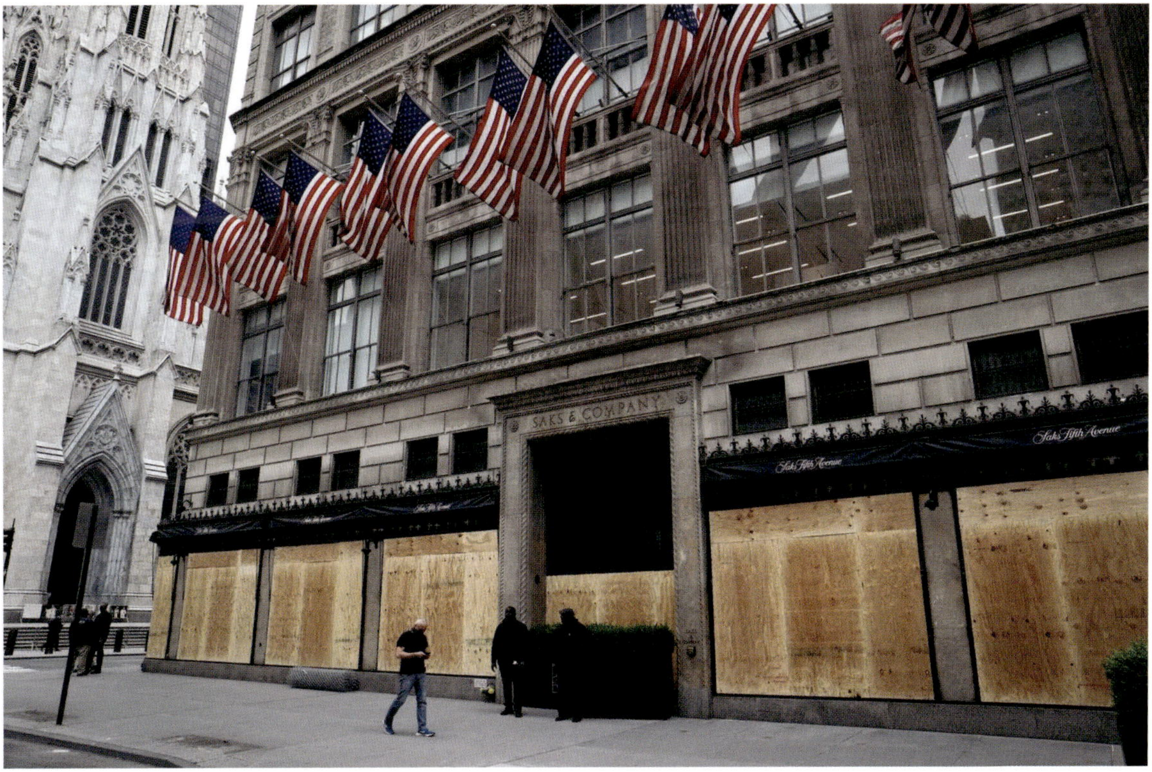
SAKS & COMPANY
Saks Fifth Avenue
Saks Fifth Avenue

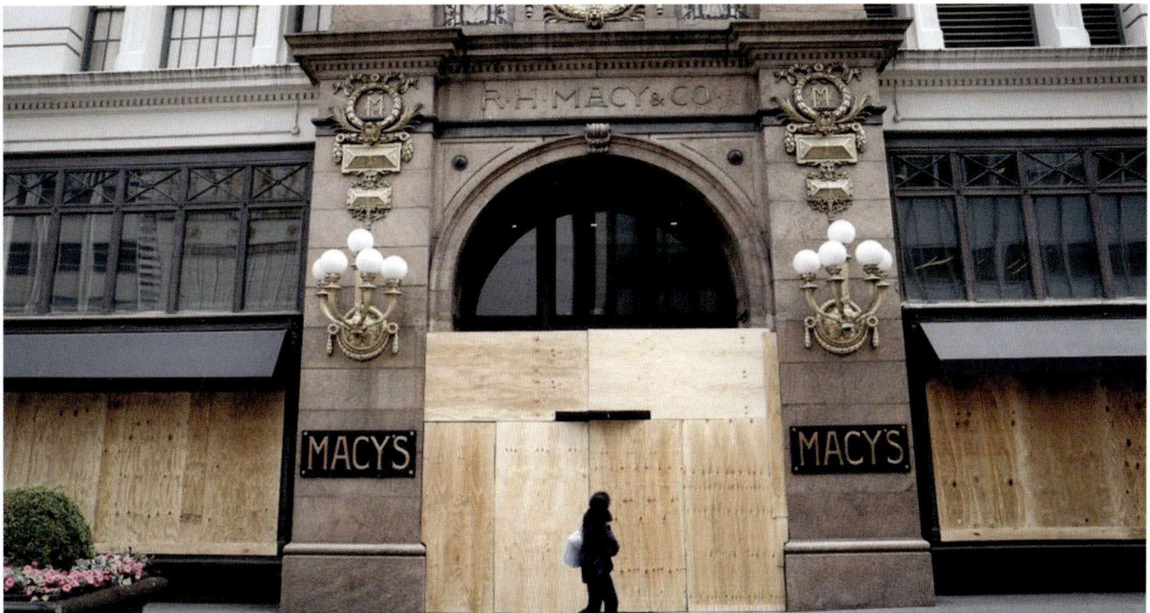
R·H·MACY&CO
MACY'S
MACY'S

4. Europa, años 60. Un cortado y una caja de palomitas de mantequilla

En las entrañas de las ciudades europeas, las cafeterías se han convertido
en escenarios cautivadores, desplegando sus escaparates como telones
de fondo que cuentan historias, generan intrigas y, sobre todo, invitan
a participar en un espectáculo único. Estos establecimientos, que alguna
vez fueron lugares de encuentro, debate y lugar de conversaciones que
han tenido la fuerza de cambiar rumbos políticos europeos (especialmente
París y Londres), han experimentado una metamorfosis arquitectónica
y estilística, rompiendo sus fachadas para dar paso a una nueva era
de expresión visual y narrativa.
En la ajetreada vida urbana, las cafeterías se erigen como pequeños
teatros en los que los escaparates desempeñan el papel principal.
La fachada se convierte en un lienzo donde ya no se exhiben productos,
sino que se muestra el espectáculo visual que refleja la identidad de
la ciudad y la cultura que la rodea. En las principales calles y plazas
de ciudades como París, Londres, Roma o Barcelona, los escaparates de
las cafeterías se vuelven auténticos protagonistas por su capacidad para
contar historias, es un reflejo de la esencia de la ciudad: una fusión de
tradición y modernidad, de historia y contemporaneidad. Las fachadas,
diseñadas con elegancia y a menudo enmarcadas por arquitectura clásica,
muestran la ciudad como un decorado, un espectáculo continuo con actores,
actrices, figurantes y todo tipo de escenas.
Además de ser testigos visuales de la ciudad, estos aparadores también
actúan como catalizadores de interacción social. Los escaparates se
convierten en puntos de encuentro, lugares desde los cuales se observa
y se participa en la vida urbana que fluye a su alrededor. En este sentido,
las cafeterías no solo sirven café, sino que también sirven como observatorios
urbanos donde la gente puede sumergirse en la escena de la ciudad.
Y ciertamente, la ciudad muchas veces es un escenario de circo que es
mejor no perderse.

ES ▾ | martes, 16 de enero de 2024

:IRRATIA :BIDAIARI GARA 7K GAURB MEDIABASK KAZETA 11 TB

SUSCRÍBETE   ENTRAR

≡ **naiz:**

Artefaktua   Info   Vivir   Opinión   Deportes   Cultura   Música

☼ 15º Baiona   🔍

23 ABR. 2015

Ariane KAMIO
DONOSTIA

🖨 ✉

ENTREVISTA   **MANUEL DELGADO**
DOCTOR EN ANTROPOLOGÍA

«Todo es un spot publicitario y cada uno tiene su papel, el de sonreír»

Hablamos de Donostia 2016 y lo hacemos con Manuel Delgado, doctor en Antropología por la Universidad de Barcelona, que se convirtió ayer en la voz crítica de este evento que arrancará en apenas ocho meses. Lo místico, lo publicitario, lo figurativo y lo moral se ensamblan, según sus ideas, con el fin de «vender» la ciudad a inversores y turistas. Todo en nombre de la cultura. Así se explica.

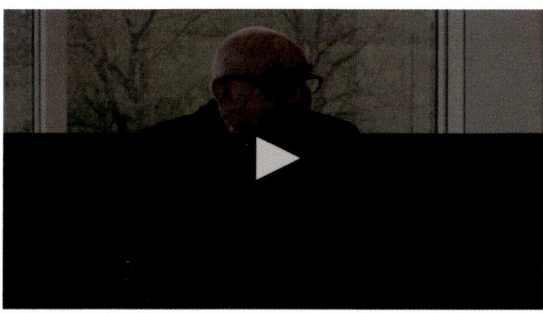

La definición que se da de la cultura es totalmente soteriológica, algo que no sabes bien cómo se define pero que sirve para justificar cualquier cosa.

Manuel Delgado no deja apenas espacio para lanzar las preguntas y plantear la entrevista. Es él quien tiene el arma a punto para disparar sus ideas en contra de la Capitalidad Cultural Donostia 2016. Ayer estuvo en el Koldo Mitxelena de la capital guipuzcoana, donde impartió una charla organizada por el movimiento Desokupatu2016: "2016 La cultura como excusa. Capitalidad cultural y mercado de ciudades".

No vino a decir nada nuevo en cuanto al negocio mercantil, según señaló en una entrevista ofrecida a este diario horas antes de la conferencia. «Este tema del marketing urbano está aquí presente como en todos los sitios, porque ya prácticamente este efecto es universal y tiene que ver con estas dinámicas de urbanización del capitalismo. En ese sentido, no creo que Donostia sea ninguna excepción. Llama la atención que sea una opción de políticas de izquierda la que sea protagonista de este proceso», apunta.

Lo que sí le fascina de este tipo de dinámicas «que ya están desenmascaradas y denunciadas», es el hecho de que todo ello no es posible, a su juicio, sin un acompañamiento, «sin una excusa que tiene que tener una dimensión trascendente, una dimensión que lo tiene todo de místico». Y es, concretamente, la invocación de la noción de la cultura. «Que tampoco sabes muy bien a lo que se refiere, pero que se supone que es algún tipo de sustancia, energía, no exactamente humana, que en cuanto entramos en contacto con ella automáticamente nos convertimos en más inteligentes». Un mecanismo que, según señala, entiende que el papel que juega la cultura tiene algo de «exorcístico». Y continúa: «Podríamos incluso hablar de cultos culturales, que básicamente nos hacen entender que la cultura es una fuente de sentido, que en el fondo legitima que es necesario y natural cualquier proceso por mezquinamente capitalista que sea. En fin, lo que siempre ha hecho la Iglesia».

Lo +

5. Fachadas detrás de andamios. NYC

¿Por qué hay tantos andamios en Nueva York?: el trágico suceso de 1979 que desencadenó todo

• La gran manzana cada vez cuenta con más andamios en las calles

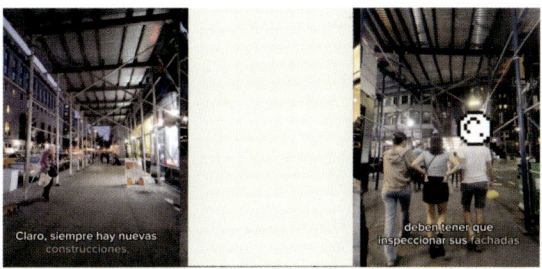

¿Por qué hay tantos andamios en Nueva York?: el trágico suceso de 1979 que desencadenó todo (TikTok/@gabsy.ok)

 CARLOTA BISBE
12/10/2023 13:00 | Actualizado a 12/10/2023
13:54

Los rascacielos, el ritmo frenético de la vida urbana, la cantidad de luces y pantallas en gran parte de la ciudad y el incesante flujo de peatones de todos los rincones del mundo, son solo algunos de los detalles que más caracterizan a Nueva York.

Pero si alguna vez has visitado la gran manzana seguro que también has caído en la cuenta de un detalle: la ciudad está repleta de andamios. Una realidad cuya explicación reside en un trágico suceso de 1979, así lo explica la usuaria de TikTok @gabsy.ok en un vídeo.

El principio de la historia. Al parecer, todo empezó tras el fallecimiento de Grace Golf en 1979, una joven de 17 años a la que le cayó encima un pedazo de mampostería mientras caminaba por la calle Broadway y la 115. Un trágico accidente que propició una ley que establece que todos los edificios de más de 6 plantas tienen que inspeccionar sus fachadas cada 5 años.

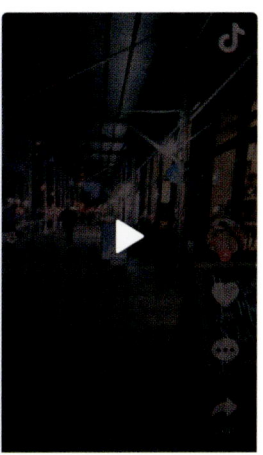

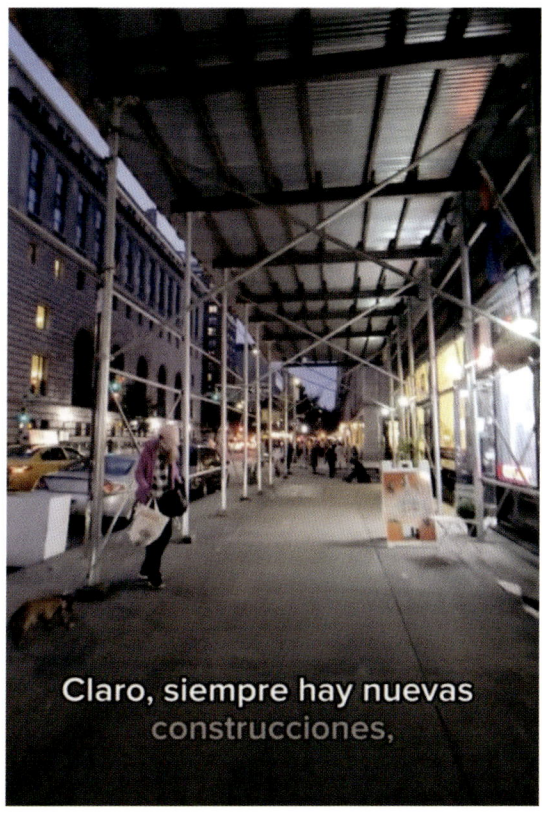

Claro, siempre hay nuevas construcciones,

6. Donosti, 2010, y Logroño, 2011. La plantilla del millón de dólares

En el año 2010 se estrenaba la película *Exit Through the Gift Shop*, dirigida
por el artista británico Banksy. En los diferentes estrenos sucedían cosas,
o no. Cuando se estrenó en Donosti, apareció en una fachada del centro
una plantilla atribuida al artista. Dicha ciudad siempre ha sido estricta
y dura con la práctica del grafiti. Donosti es una ciudad que irradia belleza
estética. Una ciudad que no ha querido entenderse con la práctica
del grafiti y el arte urbano salvo si la manufactura viene precedida por
un artista de talla internacional y de buena posición en el mercado del arte.
Las instituciones comenzaron a plantearse qué hacer con el trabajo
aparecido en la ciudad. Mientras se debatía si proteger la obra con
un metacrilato, se ponía encima de la mesa el debate sobre las multas de
hasta 3000 euros que se tramitaban si pintabas un grafiti en el contexto
sin la firma de Banksy. Los escritores de grafiti del contexto comenzaron
a escribir sus nombres en la misma pared que la plantilla llegando a
intervenirla y a participar de ella. Las instituciones, que habían caído en
la trampa, no pudieron más que dejar que la gestión natural de las cosas
que ellos habían impuesto debía mantenerse y aquel trabajo debía ser
borrado. Pocos meses después, en Logroño, apareció otra «plantilla
de Banksy». Cualquier persona con un mínimo de conocimiento podría
asegurar en un vistazo que aquel trabajo no había sido ejecutado
por el artista británico, pero el atrevimiento es la madre de la ignorancia.
En el caso de Logroño, el dueño de la pared decidió cortar el muro
y guardarlo en un almacén por el valor que aquello podría tener en
el mercado. Y el muro fue cortado y elevado por los aires como la mítica
escena de la película *Good Bye, Lenin*.

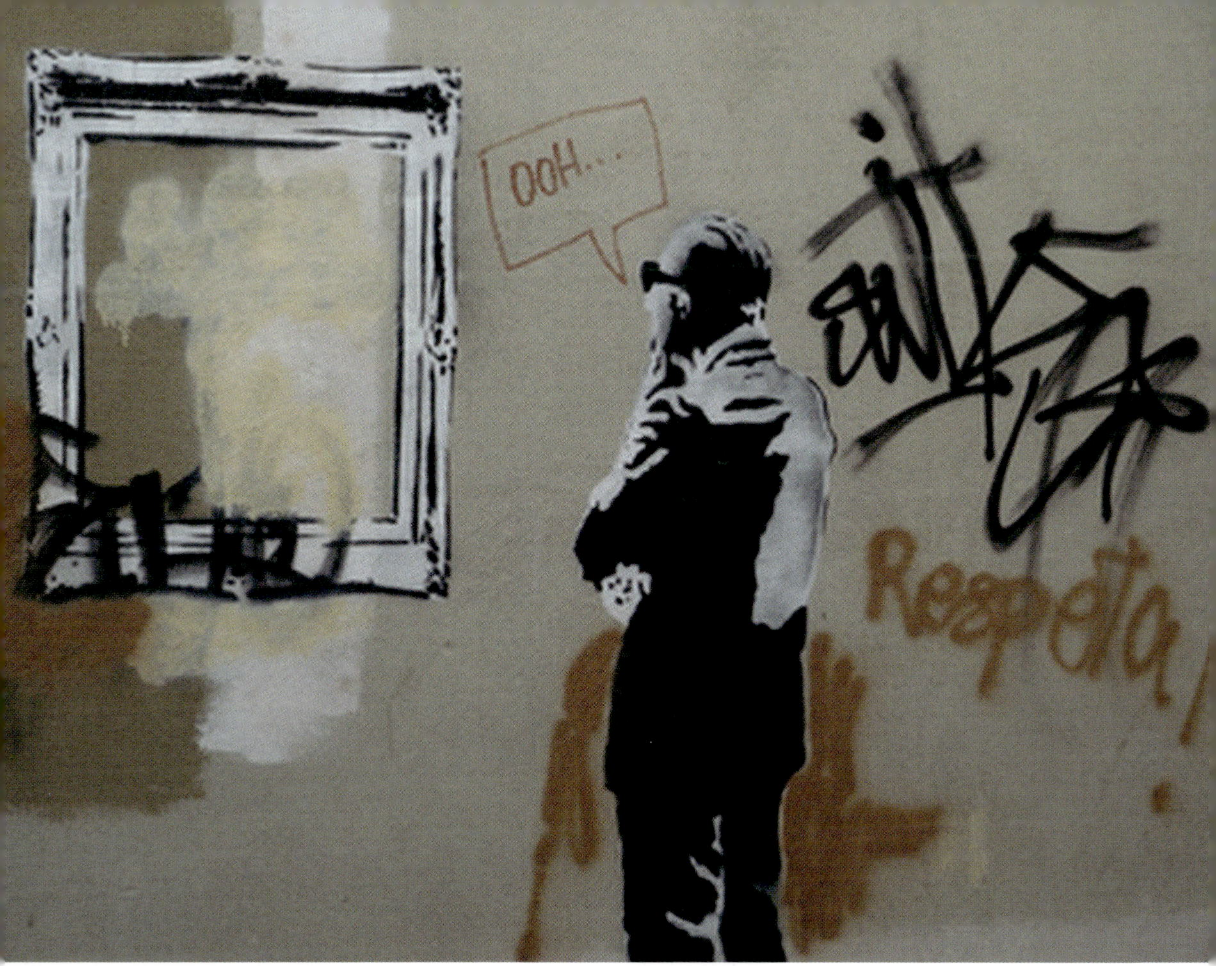

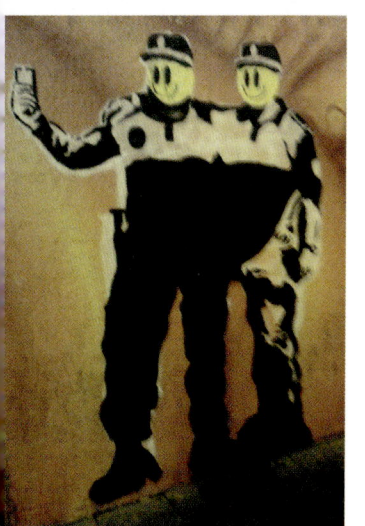

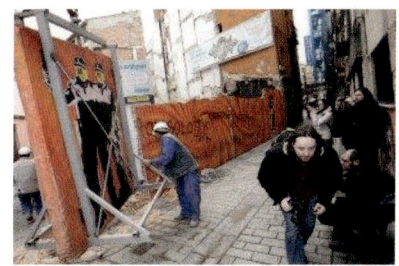

7. Tokio, 1988 y 2020. Juegos Olímpicos cancelados

Entre 1982 y 1990 fue publicado *Akira*, un manga desarrollado por Katsuhiro Otomo. *Akira* rápidamente se convirtió en una referencia clara e indiscutible del manga, generando influencia en la disciplina del manga y otras ramas artísticas hasta nuestros días. En 1988 se estrenó el anime homónimo, dirigido también por Otomo. En el manga, *Akira* ya plantea a modo de profecía que la ciudad de Tokio será el escenario para los Juegos Olímpicos de 2031, pero en la película la predicción les da cita en 2020. Los Juegos Olímpicos de Neo-Tokio se proponen en mitad de un clima de tensión social en un marco posbélico y en un escenario de crisis económica y de valores después de la III Guerra Mundial, por lo que existen ciertas desavenencias desde el clamor popular sobre el desarrollo de los juegos olímpicos. Tanto en el manga como en el anime y en la vida real, se dieron escenas e imágenes que hacían las veces de vivir en el ámbito de *Akira*, o por el contrario, que *Akira* estaba dejando de ser una ficción. Las imágenes de *Akira* se convirtieron en imágenes reales a la vez que en pancartas y proclamas de resistencia contra el evento olímpico en un ámbito temporal marcado por la pandemia del coronavirus en un Japón dudoso de la necesidad de las Olimpiadas.

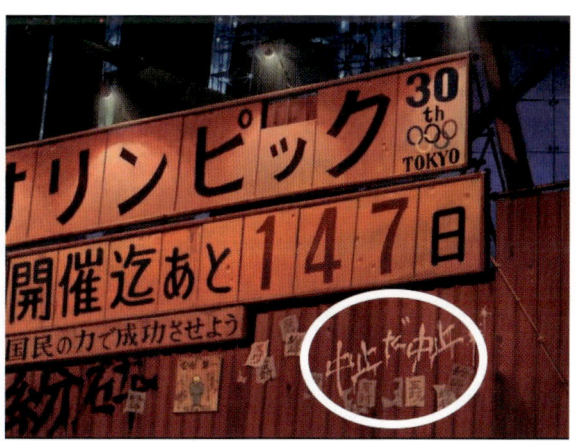

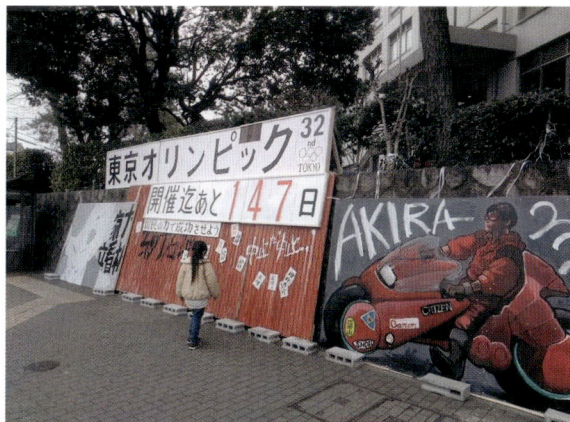

Fotograma de AKIRA (1988)

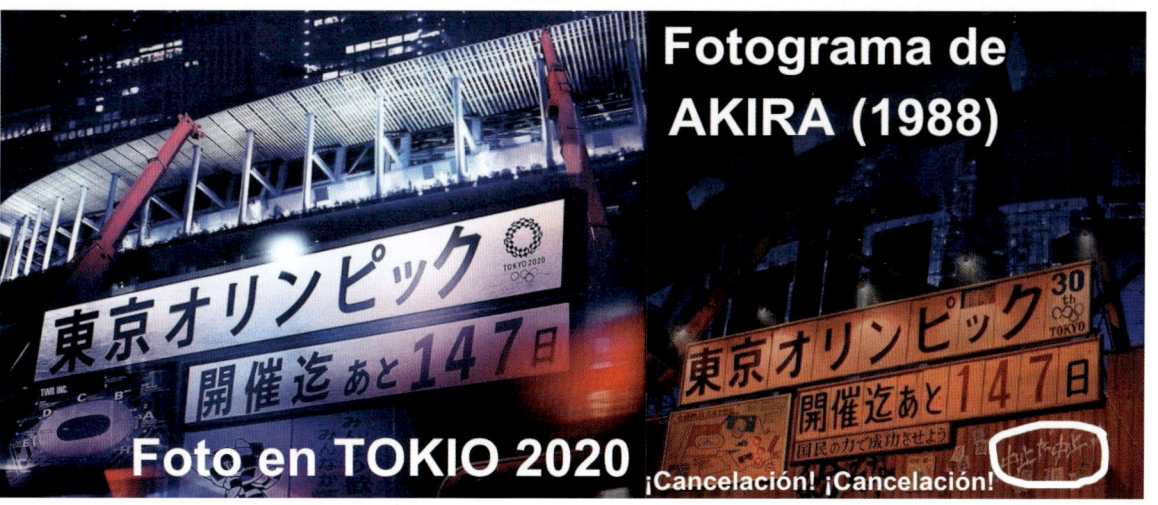

Foto en TOKIO 2020

¡Cancelación! ¡Cancelación!

Cultura

LIBROS · ARTE · CINE · MÚSICA · TEATRO · DANZA · HISTORIA · ARQUITECTURA · CÓMIC · VIDEOJUEGOS · TOROS · BABELIA · ÚLTIMAS NOTICIAS

ARTE URBANO >

Absuelto el artista urbano Invader de un delito contra el patrimonio en Málaga

La jueza considera que el creador instaló 15 mosaicos en edificios protegidos a propuesta del gestor cultural Fernando Francés, pero que el escaso daño infligido no debe llevar una condena penal para ninguno de ellos

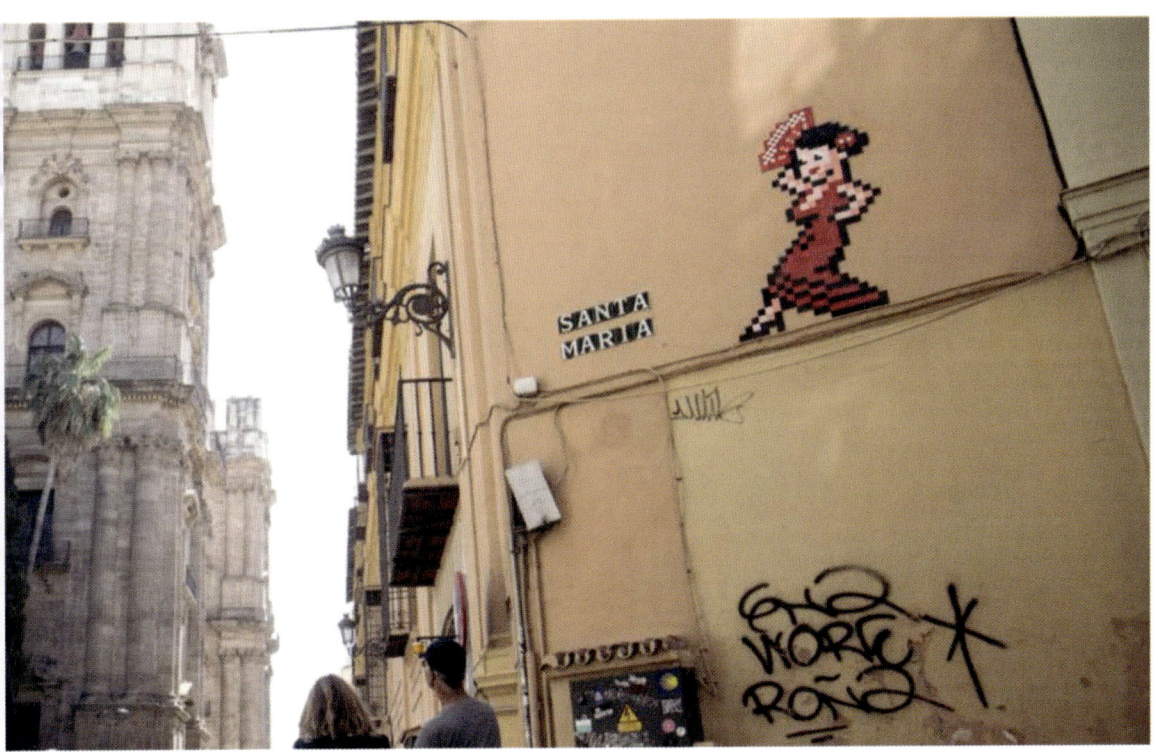

Uno de los mosaicos colocados por el artista Invader en Málaga.
GARCÍA SANTOS

9. Bilbao, 1977. Convento Siervas de Jesús. La Naja 1

A fines del siglo xix, la santa vitoriana María Josefa del Corazón de Jesús estableció la congregación de las Siervas de Jesús. Su objetivo era crear un nuevo instituto para el cuidado de los enfermos, y finalmente lo fundó en Bilbao en 1871. En 1878, los miembros de la congregación se establecieron en una residencia ubicada en La Naja, que se convirtió en la ubicación permanente de la Casa Madre. En 1892, Joaquín Rucoba fue encargado de dirigir la construcción de una nueva residencia, que se completó en 1894. El edificio actual, diseñado por los hermanos Galdós, fue inaugurado en octubre de 1977. En la esfera pública se comenta que una de las hermanas trabajó con el arquitecto en el diseño de la fachada del edificio. Tenían el deseo de que la fachada hablase de la actividad que se ejercía en el interior de la construcción. Finalmente, el diseño de las ventanas, con un toque brutalista, presenta los pliegues de sus velos al rezar.

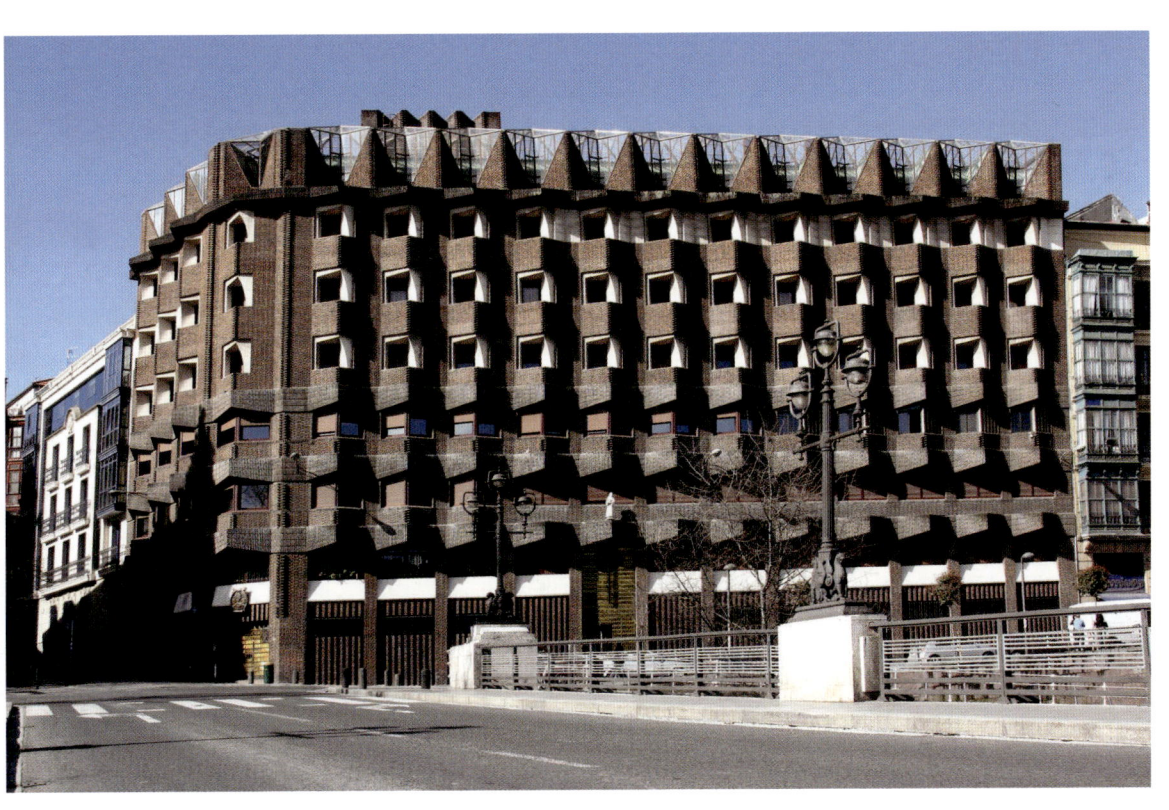

El rascacielos londinense que hace que los autos se derritan

Redacción
BBC Mundo

3 septiembre 2013

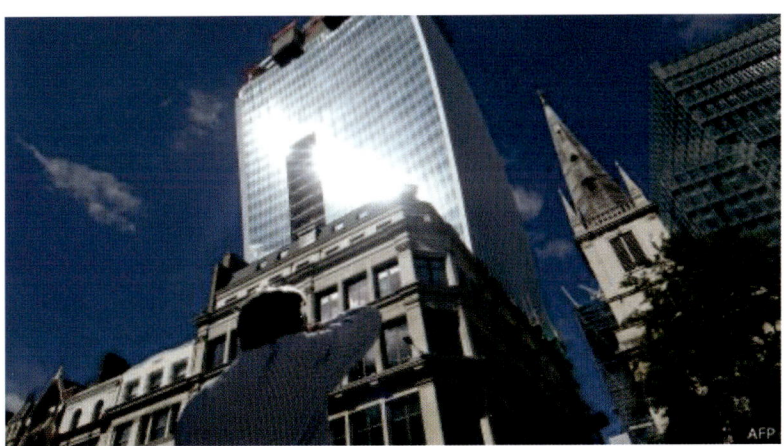

AFP

Un nuevo rascacielos de Londres, conocido informalmente como el "Walkie Talkie", ha sido acusado de reflejar la luz que fundió las piezas de un coche estacionado en una calle cercana.

Martin Lindsay aparcó su coche Jaguar XJ en en el centro financiero de Londres, también conocido como la City de Londres, el pasado jueves por la tarde.

Cuando regresó, unas dos horas más tarde, descubrió que algunas partes de su vehículo -incluyendo el espejo retrovisor y la insignia- se habían derretido.

Lindsay dijo que "no podía creer" el daño que había sufrido su vehículo. Los constructores del edificio han pedido disculpas y pagarán las reparaciones.

11. Julio de 2020. Casa Blanca de Rosa

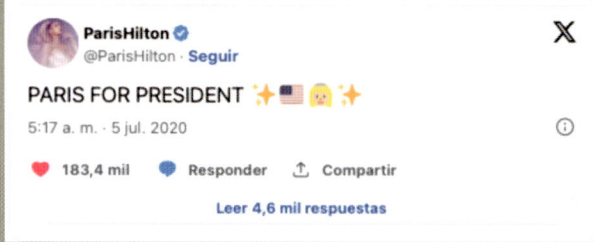

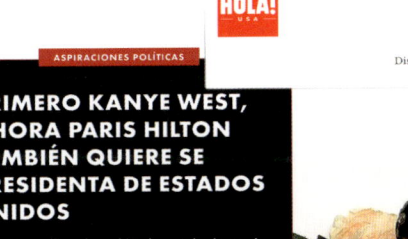

PRIMERO KANYE WEST, AHORA PARIS HILTON TAMBIÉN QUIERE SE PRESIDENTA DE ESTADOS UNIDOS

La heredera millonaria también tiene aspiraciones a la Casa Blanca, como Kanye West

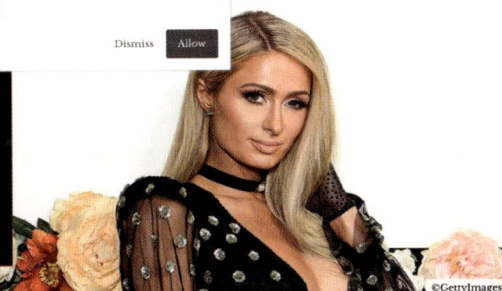

Dismiss   Allow

©GettyImages

POR MONICA TIRADO
JULIO 07, 2020 12:43 PM EDT

Primero fue Kanye West quien causó revuelo al expresar su deseo de ser el próximo presidente de Estados Unidos. Ahora ha sido Paris Hilton quien ha saltado a la contienda política al manifestar que ella, al igual que Kanye, tiene en la mira el Despacho Oval de la Casa Blanca. Así lo dio a conocer la multimillonaria heredera del emporio Hilton a través de sus redes sociales, convirtiéndose en tendencia por horas.

RELACIONADOS:
Paris Hilton se declara fan de la música latina y revela con quién le gustaría cantar

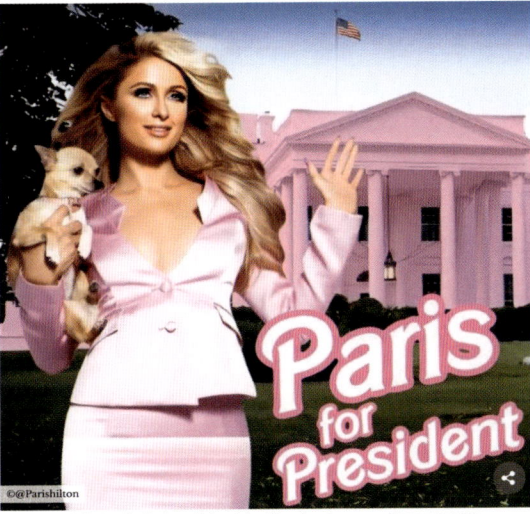

'Paris for President', se lee en la foto de la millonaria, quien sorprendió con esta noticia

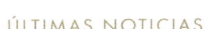

ÚLTIMAS NOTICIAS

En su cuenta de Twitter, la *socialité* de 39 años compartió el siguiente mensaje, dejando ver sus aspiraciones políticas. Horas después, tanto en esa plataforma como en su perfil de Instagram, Hilton publicó diversas imágenes. Una de las que más llamó la atención fue en la que aparece afuera de la Casa Blanca –pintada toda de rosado—usando un conjunto del mismo color junto a una de sus mascotas. En la foto se lee: "Paris for president". Además de eso, la exestrella de *The Simple Life*, usó el hashtag *#MakeAmericaHotAgain*, el cual hace una clara referencia a la frase que usó el presidente Donald Trump en las elecciones pasadas.

12. Las casas blancas del Mediterráneo

La esencia de los pueblos del Mediterráneo es una suma de varios elementos: su ubicación y su color. En los pueblos que salpican ambos lados del Mediterráneo encontramos pueblos construidos en rocas, otros en acantilados, otros llanos, unos a pocos metros de la orilla y otros que se alejan cientos de metros, pero todos tienen en común el color blanco. En España, se han desarrollado las normativas de obligado cumplimiento que no permiten tener la fachada de otro color. Es obligación de cada vecino y vecina tener la fachada blanca, al unísono. Es ilegal no ser de los blancos. Existen ciertas situaciones comunes, como puede ser la calima, un vendaval de tierra que viene desde África, que cada cierto tiempo tiñe estos pueblos de un ocre roto que pone en jaque a instituciones y vecinos. No existe lo ilegal en los procesos naturales, pero el deber de volver a dejar las fachadas blancas corre por cuenta de las personas habitantes en las casas y no de las instituciones.

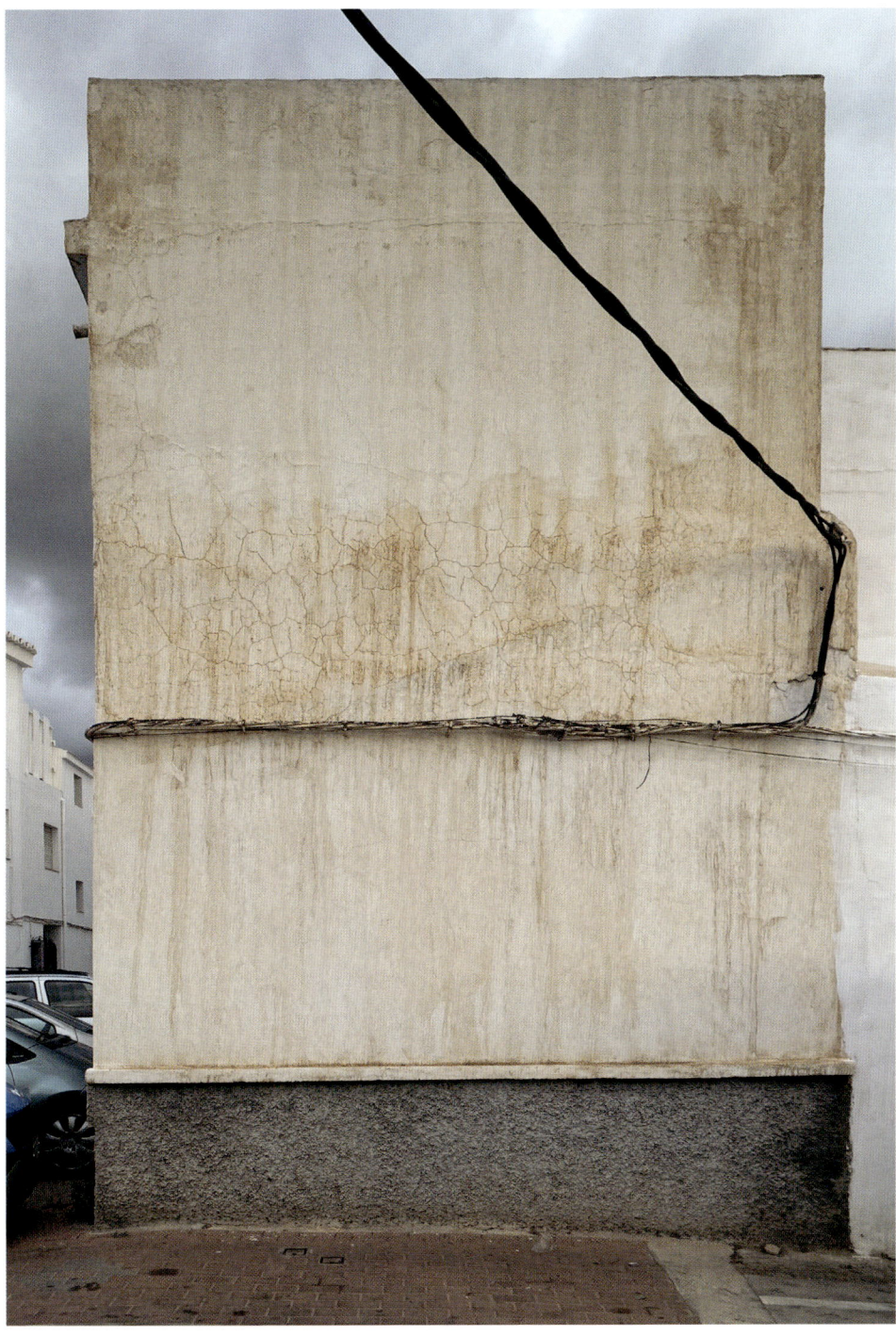

13. Huesca, 2024. *¿Por qué las viviendas sociales tienen fachadas de colores?*

Cada una de las 64 casas sociales del Grupo de Viviendas Villa Isabel presenta un color de fachada diferente. Ahora son estos 64 colores, pero sin ninguna duda, antes fueron otros y en el futuro serán otros 64 nuevamente diferentes. Este suceso es un reflejo del lema «Piensa global, actúa local». 64 unidades familiares que han decidido representarse a sí mismas con un color de los cientos existentes en el mercado y los miles presentes en el círculo cromático. 64 casas iguales en diseño, pero 64 formas de ver, percibir y compartir una fachada diferente. La oportunidad de poder pintar tu fachada del color elegido no es común, y estas 64 casas demuestran que si la oportunidad existe, el proyecto se ejecuta. 64 colores que representan un momento vital determinado, ya que puede que próximamente una de las casas cambie de color por gusto, por moda, por referencias o por necesidad. Hoy podemos sentirnos un poco más rosas y puede que mañana nos sintamos un poco más rojos, o más azules, quién sabe.

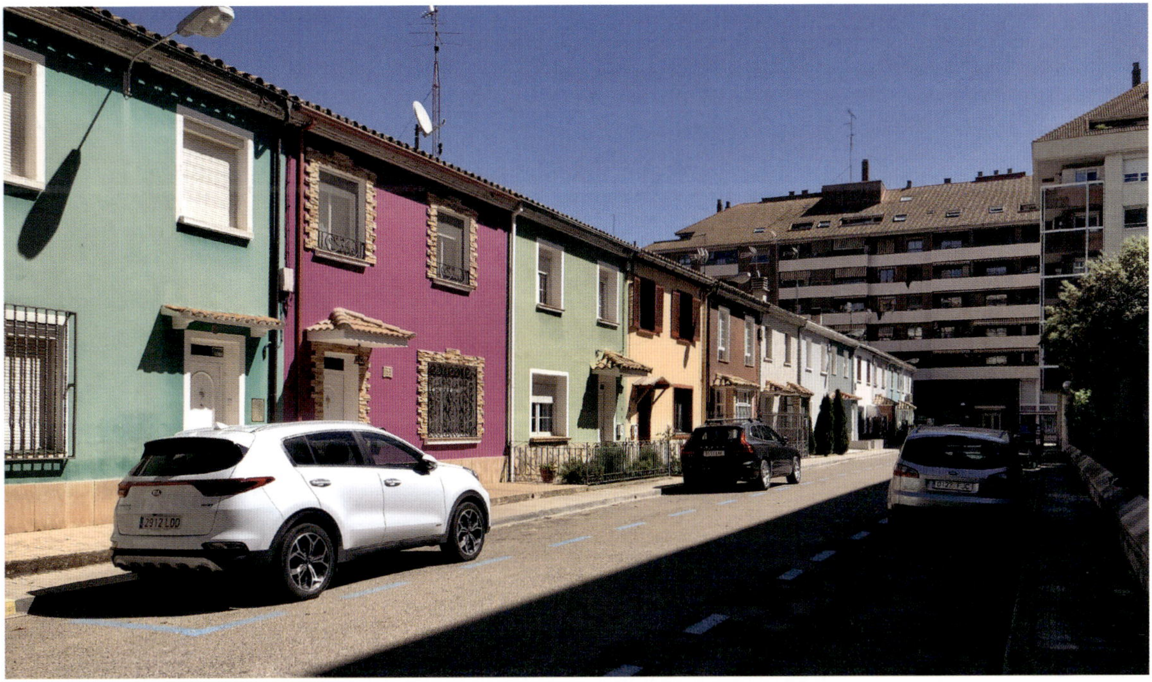

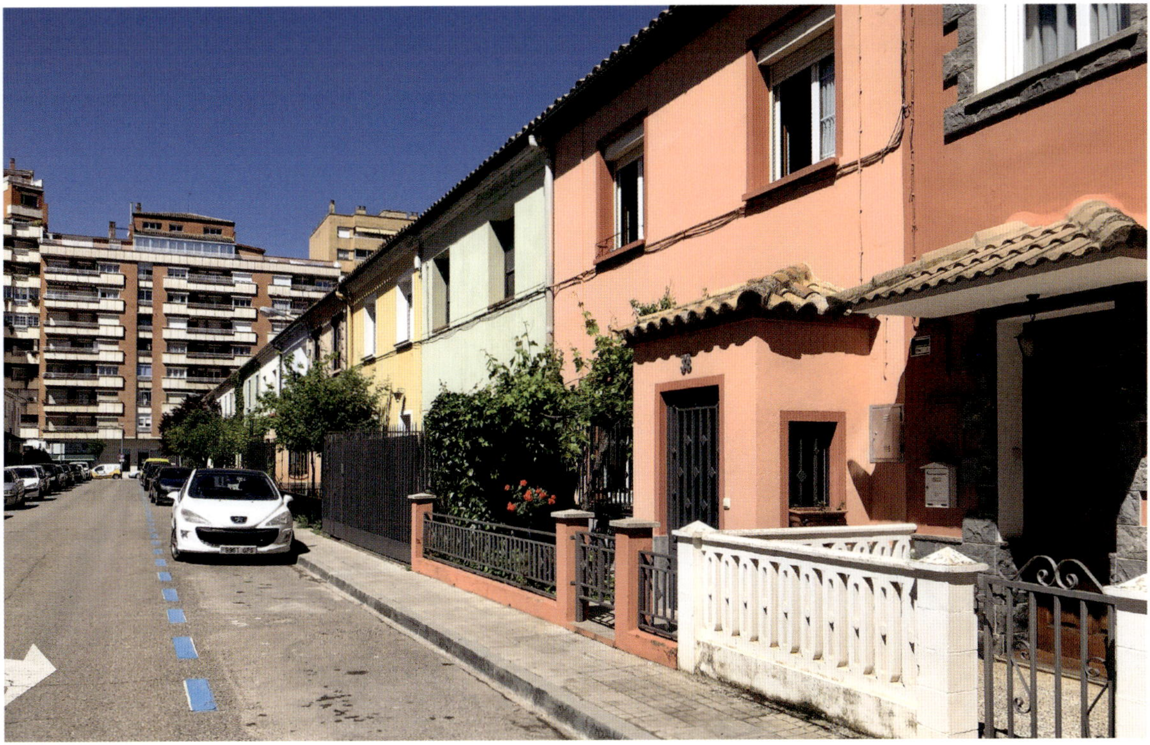

Jorge Isla, Huesca, 1992. Actualmente reside en Bilbao.

Graduado en Comunicación Audiovisual por la Universidad San Jorge, máster en Producción Artística por la Universidad Politécnica de Valencia y máster en Proyectos Fotográficos de Autor por la Escuela Lens de Madrid.

Ha recibido las becas VEGAP 2015 y V Encontro de Artistas Novos (2015), la residencia en el Collège d'Espagne à Paris gracias al MECD (2018), la beca de residencia de la Fundación Bilbaoarte (2018, 2023), el Premio Javier Rosón de la Fundación Ankaria a mejor libro de artista joven (2019), el primer premio de la Muestra de Arte Joven de La Rioja (2019), el premio de adquisición de obra de la Sala Brocense (2019), residencia La Térmica (Málaga, 2020), la ayuda para la investigación, creación y producción artística del MECD (2020), el premio de adquisición de obra Joaquina Zamora de Aragón (Zaragoza, 2021), el premio de adquisición de obra de la Universidad Miguel Hernández (Elche, 2021), la beca de producción de la Fundación Bilbaoarte (2021), el premio Inmaterial de Tabakalera (Donosti, 2022), el premio Scroll de Las Cigarreras (Alicante, 2022), convocatoria Ramón Acín de la Diputación de Huesca (2022), las ayudas de producción INJUVE (2022), el IX Premio Mardel (Valencia, 2022), el premio de adquisición Universidad de Loyola (Sevilla, 2023) y el Basque Artist Program del Museo Guggenheim (Bilbao, 2023).

Ha expuesto de forma individual en el Centro Párraga (Murcia, 2024), la Diputación Provincial de Huesca (Huesca, 2024), la Fundación Bilbaoarte (Bilbao, 2024), Da2 Artium (Salamanca, 2023), Las Cigarreras (2022), Arte Santander (2022), SC Gallery (Bilbao, 2022), en la Galería Antonia Puyó (Zaragoza, 2021 y 2017), Rambleta (Valencia, 2020), Galería Presente (Oporto, 2020), Museo de Historia Natural de Valencia (2018), Photoespaña (2017), en la Kir Royal Gallery (2017), en la XV Bienal de Fotografía de Córdoba (Córdoba, 2017) y CentroCentro Cibeles (Lanzadera, Cur. Iñaki Domingo, Madrid, 2016), además de en diversas muestras colectivas y ferias, tanto nacionales como internacionales.

Finalmente, su obra forma parte de las siguientes colecciones: Fundación Bilbaoarte (2018), Fundación ANKARIA (2019), Diputación de Cáceres (2019), Ayuntamiento de Irún (2019), Harddiskmuseum (2020), Ayuntamiento de Salamanca (2020), revista *Hoy es Arte* (2020), IAACC, Museo Pablo Serrano (2020), Diputación de Málaga (2020), Bodega Enate (2021), Diputación de Zaragoza (2021), Universidad Miguel Hernández (2021), Fundación Ses12Naus (2022), Ifitry Centre d'Art Contemporain (2022), Ayuntamiento de Felanitx (2022), Fundación Mardel (2022) y Universidad de Loyola (2023).